\見て！／ \さわって！／

五感を通して感じる・あそぶ

増補
改訂版

自然＊植物 あそび一年中

著●出原 大

※本書は2010年4月に当社より発刊された『自然・植物あそび一年中』の増補改訂版です。

Gakken

contents

はじめに

今、子どもたちが戸外、特に自然の中であそぶ経験が不足している中で、改めて自然体験の大切さが言われており、三法令でもその重要性が強調されています。子どもたちが自然とかかわる中でどのような体験をし、何がはぐくまれるのか──次の3つの視点が大切であると考えられます。

生きる力をはぐくむ

"人は自然の一員"という立場から考えると、乳幼児期の五感が鋭敏な時期に外に出て、自然環境にふれ、自然を知って好きになる体験はとても大切です。子どもたちは戸外に出ると、花を摘んだり、虫を追いかけたり、石や砂にふれたり……と、好奇心・探究心をもって自由にいきいきとあそびだします。この時間と環境の保障をすることが、乳幼児の保育において、"生きる力の基礎をはぐくむこと"につながります。

豊かな感覚・感性を養う

子どもは、ものにふれると五感を通していろいろな感覚を養います。殊に、自然物にふれると、その多様性から豊かな感覚・感性がはぐくまれます。例えば、色水あそびにおいて、アサガオの花、ツユクサの花をつぶして色を出す際、この2つの植物を比べて「つぶしたときのにおいが違うな」「花の色は似ているけど、つぶしたときの色は少し違うな」「感触も違うなあ」などとその植物のもつ特徴を、五感を通して感じ、それを言葉などで表現する力を養っていきます。

命を知る体験をする

　自然の中では、新しい命が生まれる場面や、命を閉じる姿を目にすることがあります。子どもたちは、この経験を通して命の大切さを感じる・考えるようになります。捕まえた虫が観察ケースの中で徐々に弱っていく様を見たり、種から栽培した野菜が芽を出し、花を咲かせ、実がなり、やがて枯れていくなど生命を直に感じたりしながら、自然の不思議さ、美しさを感じ、命の尊厳を感じられる人として育ちます。

自然・植物あそびのポイント

子どもたちが自然とかかわる体験において、
保育者が大切にしたいポイントを4つ紹介します。

POINT 1 一方向にならないこと

　子どもたちは、一人一人個性や発達が違います。このことを大事に考えて、自然・植物あそびも、一つのあそびを全員でというのではなく、その素材にふれてあそびが豊かに発展していくように支えたいものです。

　例えば、木の皮をむくあそびをしている子どもたちの中には、皮をむく感覚を楽しんでいる子もいれば、むいた木の枝や皮を使ってままごとをする子、むいた木に色を塗ったり、木工用接着剤を使って板にはり付けたりと、造形の素材に用いる子もいます。子どものあそびを支える私たち大人は、子どもたちの体験が豊かに発展するよう援助していきましょう。

POINT 2 タイミングが大事

あそびは、タイミングが大切です。殊に、四季折々にいろいろな出あいができ、自然の多様性が肌で感じられるようにし、「わあ、おもしろい！」「なぜ・どうして？」と子どもたちの興味・関心が増幅するときを大事にしましょう。

例えば、ミントなどの芳香種の植物にふれて、「これ○○のにおいに似てる！」「いい香り！」などと心を動かしている姿があれば、また異なる香りが感じられる環境として、違う種類の植物（芳香種）を栽培したり、草花摘みが自然とできるような場所・機会を備えたりしたいものです。

POINT 3 仕掛け

　現在、多くの子どもたちは、豊かな自然環境の中に入っても、「何をしたらいい?」「どんなあそびができるの?」というように、経験から導きだせないこともあります。ここで大事なのが「仕掛け」です。子どもたちが「これを使ってあそんでみたい!」「あれ触ってみたいな!」などと心が揺さぶられるような環境を備えましょう。

　例えば、四季折々、砂場の横にせん定した木の枝、葉っぱ、木の実などを置いておいたり、落ち葉もはき捨てるのではなく、あそびに使えるようにしたりすると、子どもたちが主体的に自然・植物環境にふれるようになっていきます。

POINT 4 憧れの存在・ともに楽しむ

　「仕掛け」と同じく、周りにいる大人(保育者や家族など)が楽しそうに自然物にふれていると、子どもたちはその姿にひかれて、ともに楽しむようになります。大人も、子どもたちとともに自然の中でのあそびや観察などを楽しむように心がけていきましょう。

植物図鑑

子どもと楽しみたい

P.25「春」〜P.133「一年中」に出てくる
植物の写真を掲載しています。
また、「気を付けたい有毒植物」や
「あそびを広げる道具」についても紹介します。

タンポポ

P.26「タンポポあそび」、P.125「茎が裂ける植物」、P.126「種を探そう」

レンゲソウ

P.27「＋レンゲソウで花車」

オオバコ

P.28「オオバコの草ずもう」

ツクシ

P.28「ツクシ・スギナのどこついだ?」

スギナ

P.28「ツクシ・スギナのどこついだ?」

カラスノエンドウ

P.29「カラスノエンドウの笛」、
P.108「色水あそび」、P.126「種を探そう」

スズメノテッポウ

P.29「スズメノテッポウの笛」

カタバミ

P.31「カタバミの10円磨き」、
P.126「種を探そう」

ナズナ

P.32「ナズナの鈴鳴らし」

菜の花（アブラナ）

P.34「菜の花の種取り」、
P.112「香りのよい植物を探そう」

エノキ

P.35「枝の皮むき」、P.126「種を探そう」

ムクノキ

P.30「葉っぱの笛」、P.35「枝の皮むき」、
P.117「植物をこすり合わせたら」

アカメガシワ

P.35「枝の皮むき」、
P.111「アカメガシワの色水絵」

イネ

P.36「イネの栽培」

オジギソウ

P.37「オジギソウの栽培」

葉を触って閉じたところ

ワタ
P.38「ワタの栽培」

果実

花

インゲンマメ
P.39「インゲンマメの栽培」

サツマイモ
P.40「サツマイモの栽培」、P.41「イモの水栽培」、P.80「焼きイモをしよう」

ホテイアオイ
P.41「水草（ホテイアオイ）の栽培」

ヒョウタン
P.42「ヒョウタンの栽培・製作」

キュウリ
P.44「キュウリ・トマトの栽培」、P.50「キュウリの茎の汁でシャボン玉」

トマト
P.44「キュウリ・トマトの栽培」

ヘチマ
P.45「ヘチマの栽培・あそび」

ドクダミ

P.46「ドクダミ茶を作ろう」、
P.66「葉っぱでたたき染め」、
P.112「香りのよい植物を探そう」

オシロイバナ

P.48「オシロイバナの栽培・あそび」、
P.108「色水あそび」、P.125「夜に咲く花」

ヒマワリ

P.50「ヒマワリの茎でスポンジ取り」、
P.60「アサガオ・ヒマワリの種あそび」

シロツメクサ

P.51「シロツメクサあそび」、P.66「葉っぱ
でたたき染め」、P.108「色水あそび」

ムクゲ

P.52「ムクゲ・フヨウの色水ゼリーあそび」

フヨウ

P.52「ムクゲ・フヨウの色水ゼリーあそび」

ツユクサ

P.53「ツユクサの不思議」、
P.108「色水あそび」

ユリ

P.54「ユリの花粉絵」、
P.112「香りのよい植物を探そう」

ササ

P.55「ササの葉あそび」、P.62「竹ぼうき
を作ろう」、P.112「香りのよい植物を探
そう」、P.117「植物をこすり合わせたら」、
P.122「植物の茎でシャボン玉」

エノコログサ
P.56「エノコログサあそび」

クズ
P.57「クズの葉鉄砲」

ヨウシュヤマゴボウ
P.57「ヨウシュヤマゴボウの種絵」、
P.108「色水あそび」

ムクロジ
P.58「ムクロジの泡あそび」

実

アジサイ
P.59「アジサイの色が変身！」

アサガオ
P.60「アサガオ・ヒマワリの種あそび」、
P.108「色水あそび」

トクサ
P.63「トクサのつめ磨き」、
P.117「植物をこすり合わせたら」

ヨモギ
P.67「ヨモギで草木染め」、
P.108「色水あそび」

セイタカアワダチソウ

P.69「セイタカアワダチソウの矢飛ばし」、
P.126「種を探そう」

カキ

P.70「カキの葉茶を作ろう」

ススキ

P.75「ススキの矢飛ばし」、P.77「ススキの穂人形」、P.116「風が吹いたら」、P.126「種を探そう」

ドングリ

P.72「ドングリあそび」、P.126「種を探そう」

コナラ

ウバメガシ

クヌギ

いろいろな木の実

P.76「木の実投げ」、
P.77「木の実飛ばし」、
P.83「マツボックリ飾り」、
P.126「種を探そう」

ネズミモチ
P.75「ネズミモチの鉄砲」、P.98「枝や実で表現しよう」、P.126「種を探そう」

ボダイジュ
P.78「ボダイジュ・カエデのパラシュート」、P.126「種を探そう」

カエデ
P.66「葉っぱでたたき染め」、P.78「ボダイジュ・カエデのパラシュート」、P.79「色づく葉っぱを探そう」

オオオナモミ
P.82「オナモミダーツ」、P.126「種を探そう」

ジュズダマ
P.82「ジュズダマの首飾り」、P.126「種を探そう」

オモチャカボチャ
P.83「オモチャカボチャの人形」

カブ
P.84「カブ・ダイコン・ニンジンの栽培」

ダイコン
P.84「カブ・ダイコン・ニンジンの栽培」、P.115「野菜のスタンプ」

ニンジン
P.84「カブ・ダイコン・ニンジンの栽培」

ツバキ
P.86「ツバキ油作り」、P.90「冬芽を探そう」、
P.128「ツバキのぞうり」

芽

花

カリン
P.87「カリン茶を作ろう」

ローゼルハイビスカス
P.88「ローゼルハイビスカスティーを作ろう」

花

実

ナンテン
P.92「松葉あそび」、
P.105「ナンテンの雪うさぎ」

マツ
P.92「松葉あそび」、
P.123「松やにあそび」

レモン
P.94「果汁でお絵かき」、P.95「レモン水
の不思議」、P.96「オレンジオイルあそび」、
P.112「香りのよい植物を探そう」

オレンジ
P.96「オレンジオイルあそび」

冬の木の実
P.98「枝や実で表現しよう」、P.100「木の
枝と実のはり絵」、P.102「木の実のろうそく
立て」、P.103「木の実や葉のリース」、P.104
「木の実マラカス」、P.126「種を探そう」

シャリンバイ

クロガネモチ

ピラカンサ

タラヨウ
P.104「タラヨウのはがき」

ヒイラギ
P.105「ヒイラギの魔よけ」、
P.112「香りのよい植物を探そう」、
P.119「ヒイラギの風車」

ヒヤシンス
P.106「ヒヤシンス・クロッカスの水栽培」、
P.112「香りのよい植物を探そう」

クロッカス
P.106「ヒヤシンス・クロッカスの水栽培」

パンジー
P.109「色水マジック」

リーガースベゴニア
（エラチオールベゴニア）
P.109「色水マジック」

ラディッシュ
P.110「ラディッシュの色水絵」

ナンキンハゼ
P.116「風が吹いたら」

サルスベリ
P.117「木をたたいたら」

アオギリ

P.90「冬芽を探そう」、P.119「アオギリの
実の風車」、P.126「種を探そう」

木肌

P.120「木肌のこすり出し」

クスノキ　　　　ソメイヨシノ　　　　クヌギ

樹液

P.123「樹液探し」

樹液に集まるカナブン

虫こぶ

P.124「虫こぶ探し」

サクラフシアブラムシによる虫こぶ

シイタケ

P.129「シイタケの栽培」

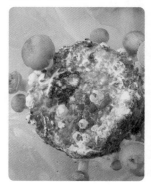

ミント

P.112「香りのよい植物を探そう」、P.130「ミ
ントの栽培」、P.131「ミントティーを作ろう」

アップル
ミント

ペパー
ミント

ハエトリソウ

P.132「食虫植物の栽培」

カイワレダイコン

P.133「カイワレダイコンの栽培」

気を付けよう！ 有毒植物

現在日本には、数多くの有毒植物があるといわれています。
あそびの中で、子どもたちは植物をなめたり触ったりします。
ですから、保育者は毒のある植物、口にしてはいけない植物について十分な知識をもち、
子どもたちにしっかり伝えていくことが大切です。

身近にある有毒植物の例

スイセン

葉っぱをニラと間違えて食べ、腹痛や
おう吐を起こしたとニュースになるこ
とも。特に、球根に毒が多く含まれ、
皮膚の弱い人は葉っぱに触ると接触
性皮膚炎を起こすことがある。

ヒヤシンス

葉っぱや茎を折ったときに出る汁にふ
れると、皮膚の弱い人は炎症を起こす
ことがある。また、球根などに毒があ
り、誤食するとおう吐や下痢などを起
こすことがある。

チューリップ

球根などに強い毒があり、誤食すると
心臓まひなどを起こす可能性がある。

レンゲツツジ

シャクナゲ

ウルシ

すべてツツジ科。強い毒があり、誤食す
ると、下痢・おう吐などを起こす。呼吸困
難で死に至ることもある。

アセビ

葉っぱや茎を折ったときに出る汁にふ
れると、かぶれる。

シキミ

お墓に供えるなど仏事に用いられるが、植物全体に強い毒があり、実を食べると命を落とすこともある。

イチイ

実は食べられるが、中の種には毒があり、誤食するとけいれんや呼吸器のまひなどを起こすことがある。

エニシダ

木全体に毒をもっている。特に枝や葉を誤食すると、おう吐や下痢などの症状を起こし、ときには呼吸困難に陥ることもある。

ヤツデ

葉っぱや実をあそびに使うのは問題ないが、誤食しないよう注意。誤食すると、おう吐・腹痛などを起こす。

テイカカズラ

つるを切ると出てくる汁には強い毒があり、かぶれることがある。また、誤食すると呼吸器のまひ・心臓まひを起こす。

アジサイ

全体に毒をもち、葉っぱや花を誤食するとけいれんやおう吐、呼吸器のまひなどを起こすことがある。

アオツヅラフジ

山などでよく見かける植物で、ブドウのような小さな実をつける。誤食すると心臓や呼吸中枢のまひを起こす。

ヨウシュヤマゴボウ

毒があるが、色水あそびなどをしてふれるのは問題ない。ただし、根には強い毒があり、腹痛・おう吐・下痢などを起こすことがあるため、根にふれてあそぶことは避ける。

キョウチクトウ

悪条件の中でも育つ木で、よく街路樹として植えられ、公園や学校でも見かける。かじったり食べたりすると、おう吐・心臓まひなどを起こし、死に至ることがある。

アサガオ

種に毒を含み、誤食すると激しい腹痛や下痢などを起こすことがある。特にチョウセンアサガオは、種だけでなく葉っぱや花などすべてに強い毒があるので、注意が必要。

オシロイバナ

毒を持ち、誤食をすると腹痛などを起こすことがある。ふれてあそぶのは問題ないが、口にしないよう注意する。

ホオズキ

全体に弱い毒があり、根には強い毒をもつ。昔は薬としても使われていたが、誤食すると呼吸器のまひなどを起こすことがある。淡いオレンジ色をしている食用のホオズキもある。

ヒガンバナ

触るぶんには問題ないが、特に球根に強い毒を含み、誤食するとおう吐・下痢・神経まひなどを起こす。

ヒヨドリジョウゴ

赤くおいしそうな実がなるが、この実は強い毒を含み、誤食するとおう吐・腹痛・呼吸器のまひなどを起こす。

イヌホオズキ

花が咲いた後に黒い実がなる。草全体に毒があり、誤食すると下痢・運動中枢のまひなどを起こすことがある。

ナンテン

実の成分はのどあめなどに使われるが、葉っぱや実、枝を誤食すると、けいれん・呼吸器のまひなどを起こすことがある。ふれてあそぶだけなら問題ない。

フクジュソウ

トリカブトと同じくらい強い毒があるといわれている。誤食すると、おう吐・呼吸困難などに陥る。

ウメ

熟す前の青い実を生食すると、中毒を起こし、死に至ることも。モモ・アンズも同様。

あそびを広げる！ 道具いろいろ

自然にかかわりながら、子どもたちのあそびは
どんどん広がっていきます。
さらにあそびが充実するよう、園庭や保育室に
さまざまな道具を用意しておきましょう。

瓶

拾った草花や木の実・種
などを入れて、保育室に
置いておく。それだけで
すてきなオブジェにもな
り、製作あそびに使うと
きにも自由に取り出すこ
とができる。また、花瓶に
もなる。

※強度のある瓶を使用し、割れ
や破損がないか確認する。

飼育ケース

中に入っているもの
をいろいろな方向か
ら見ることができる
ので、捕まえた虫など
を一時的に観察する
のに便利。また、古く
なったケースでも、木
の実などの入れもの
として活用できる。

かご

通気性があり、拾った
葉っぱや木の実を乾
かしたり、分類したり
するのに便利。

たらいやバケツ

拾ってきた枝を保育者がせ
ん定ばさみで切ったものや、
草花などを、水をはったたら
いやバケツに浮かべておい
たり、植物を入れておいたり
する。子どもたちが水に浮か
ぶ植物にふれたり、すくった
りしてあそびが広がる。

※使用後の水は捨てるなど管理を。

すり鉢・すりこぎ

木の実や葉っぱをすりつぶすのに活用。感触や香りを楽しめる。

テーブルといす

テーブルといすがあるだけで、子どもたちはいろいろな空間に見立て、そこで自由にあそびが展開する。

ごっこあそびに使えそうなアイテム

鍋やフライパンなど料理に使う道具や、ペットボトル・デザートの容器などを置く。子どもたちの想像力が膨らんで、ごっこあそびなどが充実する。

ジュース屋さんごっこ。

大きな鍋でダイナミックな料理を。

＊ 子どもたちがあそんでいるときは、保育者がそばについて見守り、安全面・衛生面に十分配慮しましょう。誤嚥・誤食やけがにつながらないよう、子どもの年齢・発達に留意して、素材を提供してください。自然物にふれた後は、しっかり手を洗いましょう。

春

草木が芽生え、色とりどりの花が咲き、
虫たちも動き始める季節。
心地よい気候の中で自然にふれ、
栽培も楽しみましょう。

P.30「葉っぱの笛」

P.31「カタバミの10円磨き」

P.26「タンポポあそび」

1 タンポポあそび （→植物図鑑 P.10）

子どもたちに大人気のタンポポあそび、いろいろです。

やってみよう！

笛

1 茎を切り取り、吹く側を軽く指でつぶす。

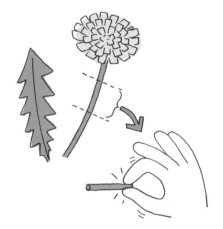

2 吹き口を唇で挟み、強く吹く。挟み具合や吹き方の強弱で音が変化する。

花落とし

1 つめで茎に切れ目を入れる。

切れめ

2 もう1本のタンポポを切れ目に通し、2人で互いに引っ張り合う。花がちぎれないで残ったほうの勝ち。

風車・水車

1 茎を切り取り、ナイフなどで裂け目を入れる（保育者が行う）。

2 しばらくすると茎が自然と外側に広がってくるので、茎の中に細い竹ひごや枝を通す。

竹ひご

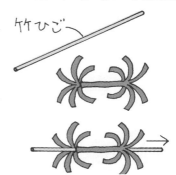

3 吹くと風車に、半分だけ川につけると水車になる。

＋レンゲソウで花車 （→植物図鑑 P.10）

1 タンポポの茎を切り取る（2本）。

2 茎のまっすぐなレンゲソウを**1**の茎の中に入れる。

3 もう1本の茎をストローのようにして、レンゲソウの花の端に息を吹きかけると、花がくるくる回る。

2 オオバコの草ずもう （→植物図鑑 P.10）

強い野草のオオバコで楽しむ草ずもうです。

（→植物図鑑 P.10）

やってみよう！

1 茎の根元から切り取る。

根元を切る

2 1人1本ずつ持ち、茎同士を絡ませ、引っ張り合って勝負。茎がちぎれたほうが負け。いろいろな草でやってみよう。

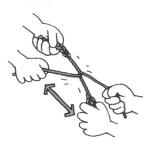

Memo

オオバコ（オオバコ科）

*

荒れ地や道端でよく見られる強い野草。葉の維管束(水や栄養が通る部分)が強く、引っ張ってちぎると、筋がつながって出てくる。このように強い葉をもっているので、人に踏まれても育つことができる。

---

3 ツクシ・スギナのどこついだ？

どの節が離されているか、当てっこするゲームです。

（→植物図鑑 P.10）

やってみよう！

1 1人がツクシ（スギナ）の茎を引っ張る。どこか節の部分が離れたら、元に戻す。

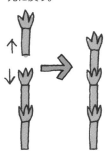

2 相手に❶を見せ、どこが離れているかを触らずに当てる。

どこついだ？

ジーッ

Memo

ツクシ・スギナ（トクサ科）

*

土地を荒らさなければ、毎年同じ所に生えてくる多年草。ツクシとスギナは地下茎でつながっていて、ツクシが先に伸びて胞子を飛ばし、枯れてしまうと続いてスギナが生えてくる。

カラスノエンドウの笛 (→植物図鑑 P.10)

豆のさやで作る、楽しい音の出る笛です。

やってみよう！

1 よく実った豆のさやを選ぶ。吹き口を切り取り、さやの片側を開いて、中の豆を取り出す。

2 吹き口を唇で優しくくわえ、吹いてみよう。力の加減でおもしろい音が出る。

こちらから豆をとり出す

切る

Memo
カラスノエンドウ（マメ科）
＊
熟すと、さやがカラスのように真っ黒になる。これとよく似たスズメノエンドウという草もあるが、「人間は食べないが、カラスやスズメなどが食べるだろう」といわれたことからこれらの名前が付いたという説も。

スズメノテッポウの笛 (→植物図鑑 P.10)

穂を抜き取って吹くと、ピーと高い音が出ます。

やってみよう！

1 穂の部分を引き抜き、葉を下へ折る（穂は集めてままごとなどに使っても）。

2 唇を引き締めて吹き口をくわえ、優しく吹くと、ピーピーという音が出る。

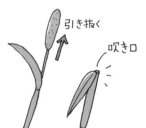

引き抜く

吹き口

ピ〜

Memo
スズメノテッポウ（イネ科）
＊
田んぼや畑のあぜ道などに生えている。この笛がピーピーという音が出ることから「ピーピー草」ともいわれる。同じイネ科の似たような草の中には、この作り方で笛ができるものが多い。

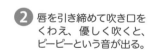

6 葉っぱの笛

葉っぱ1枚でできる笛。いろいろな音を楽しみましょう。

やってみよう！

軟らかい葉っぱで（4〜5月の若葉）

● 優しく口に付けて葉っぱを震わせるように吹く。

● 人差し指と中指で唇を挟むようにそっと当てて、震わせるように吹く。

＊適した葉は、サクラ、ヤマボウシ、ムクノキ、ヤシャブシなど。いろいろな葉っぱで試してみよう。

サクラ

ヤマボウシ

ムクノキ

ヤシャブシ

注意！
毒があったり、かぶれたりする葉で行わないように気を付けましょう。

硬い葉っぱで

葉先から巻き、中央を持つ。吹き口を上下の唇で押さえたり離したりして音を出す。唇の挟み方を調節しながら、音の鳴りやすいところを探す。吹く強さもいろいろと変えてみよう。

＊ツバキの葉がいちばん適しているが、サザンカ、マサキ、ネズミモチなどの葉でも、同じような笛ができる。

葉先から巻く　吹き口

カタバミの 10 円磨き（→植物図鑑 P.10）

カタバミを探して、10 円玉をピカピカにしてみましょう。

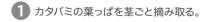 やってみよう！

❶ カタバミの葉っぱを茎ごと摘み取る。

❷ 汚れた 10 円玉を磨くと、きれいな銅色になる。

ゴシ
ゴシ

ピカ
ピカ！

＊P.95「レモン水の不思議」と同様に酸の働きを利用したあそび。

ナズナの鈴鳴らし （→植物図鑑 P.11）

優しく振って、小さな鈴のような音を楽しみましょう。

やってみよう！

1 茎の根元から切り取る。実の部分を優しく下に引っ張り、ひと皮残す。すべての実を同様に引っ張る。

2 茎を持って回転させると、小さなパチパチという音が出る。

> **Memo**
>
> **ナズナ（アブラナ科）**
> *
> 春の七草の1つで、昔から薬用・食用に用いられている。別名「ペンペン草」ともいわれる。

花占い

身近な花を摘み、その花びらで占いをしてみましょう。

やってみよう！

1 園庭、あるいは草花が自由に取れる場所に出かけ、花を摘む。

2 「好き、嫌い、好き、嫌い……」と言いながら花びらを1枚ずつちぎっていき、最後の1枚がどちらだったかで占う。

10 花摘み・水切り

摘んできた花がしおれていたら、水切りで元気を取り戻しましょう。

お花摘んできたの

ギュウッ

やってみよう！

子どもたちが摘んだ花は、握りしめられて茎がつぶれたり、摘んだ後、長い間水につけずにしおれてしまったりすることも。そのまま花瓶に挿しても水を吸い上げないことが多い。そんなときは、水切りを。

1 水の中で茎の根元をはさみで切り取り、そのまま15秒程度水につける。

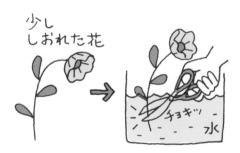

少ししおれた花

チョキッ

水

2 その後、すぐに花瓶などに移す。すると茎に水が上がり、元気を取り戻す。

ピン！

わあっ

Memo

雑草園を作ってみよう

*

園庭に自由に摘める雑草などが生えていない場合は、ぜひ雑草にふれられるスペースを作ってみよう。草のないグラウンド風の園庭の土は、その土の中に埋土種子（土壌中に埋もれて眠っている生きた種子）をほとんど含まないので、どこか雑草の多い所の土をそのままもらってきて、園庭の土の上に置いていく。そうすると雑草が広がって、バッタなど子どもの喜ぶ虫も、たくさん集まってくる。

11 菜の花の種取り （→植物図鑑 P.11）

菜の花（アブラナ）が咲いた後にできる種を取って、あそびましょう。

やってみよう！

花の後にできた種を取り、ままごとなどに使ってあそぶ。

緑のうちの軟らかい種を取って。

乾燥して茶色くなった種を取ってすりつぶす。種には油分が含まれているので、ぬるぬるした感触が楽しい。

12 葉っぱのパズル

いろいろな形の葉っぱで、パズルごっこを楽しんでみましょう。

やってみよう！

❶ 葉っぱを取ってきて、はさみで好きな形に切り取る。

❷ 切り取った1片1片を合わせていき、元通りの葉っぱの形になるか、パズルごっこを楽しむ。いろいろな形の葉っぱでやってみよう。

これは
どこかな？

13 枝の皮むき (→植物図鑑 P.11)

木の枝の皮をむいて、いろいろなあそびに活用しましょう。

やってみよう！

❶ エノキ、ムクノキ、アカメガシワなど皮がむきやすい木の枝（太さ1〜1.5cm）を、保育者がせん定ばさみで切り取る。4〜10月頃は皮がむきやすい枝がたくさんあるので、いろいろな木で試してみよう。

❷ 枝の皮をむいて、感触を楽しむ。

3〜5cmの長さに切る

むいた枝が乾いたら絵の具やペンで着色して表現

野菜のスープを作るよ

枝の皮

枝

ままごとに活用。

枝を木工用接着剤で段ボールなどにはりつけてはり絵

製作に使って。

乾いた枝を缶や箱に入れてゆすってみる

カランカラン

手作り楽器を作って音を楽しむ。

ザッザッ

35

14 イネの栽培 (→植物図鑑 P.11)

イネを苗から栽培・観察。秋にお米を収穫しましょう。

やってみよう！

用意するもの

イネの苗（園芸店で購入）、プランター、「花・野菜」用の土、イネ用肥料、ネット、ペットボトルの人形、水、瓶、棒

1 田植えの時期は一般的に５月ころ。プランターの半分以上まで土を入れ、その上５㎝くらいまで水を入れる。

2 苗は10本くらいを束にして、約20㎝間隔で植える。

Memo
イネと稲妻
*
昔から、「初夏から夏にかけて雷がよく鳴ると、稲がよく育つ」といわれてきた。そのため、人々は、雷のことを稲のお嫁さん「稲妻」と呼ぶようになった。これには科学的根拠がある。米の栄養になる窒素は、雷の放電によって大気中でイオン化し、雨と一緒に地面に届くというわけ。

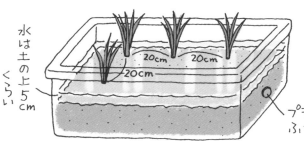

水は土の上５cmくらい

20cm　20cm　20cm

プランター側面の穴にはふたをする

3 肥料を定期的に施しながら、栽培・観察を続ける。

* 穂が出ると鳥が食べにくるので、ネットを張る。ペットボトルで作った人形を置くのもよい。
* ほかの草が生えるとイネの栄養が取られるので、草取りはしっかり行う。水が減ってきたら足す。

4 収穫時期はイネの種類によって異なるが、目安は穂が黄土色になったころ。穂を１本ずつ取って瓶に入れ、しっかりした棒で籾をつつくと外皮が取れていく。

ネットを張る

ペットボトルの人形

15 オジギソウの栽培 (→植物図鑑 P.11)

触ると葉を閉じる不思議な植物です。楽しく栽培しましょう。

やってみよう！

用意するもの

オジギソウの種（園芸店で購入）、8〜10号の鉢かプランター（大）、
小石か日向土、「花・野菜」用の土、網

1 種まきの時期は4月下旬〜5月中旬。1
つの鉢に3粒くらい種をまく。5cm間
隔で深さは約0.5cm。プランターで育て
る場合は、同じ深さに10cm間隔でまく。
1日1回水をやる。約1週間で発芽する。
発芽したら間引く。

- 5cm
- 花・野菜用の土
- 小石・ひゅうが土
- 5cm
- 底の穴は網でふさぐ

2 7〜9月ころに、きれいなピンクの花が
咲く。

3 10月ころ、種が茶色くなったら収穫。次
の年にその種を植える。

葉っぱにそっと触ると、葉が閉じる。閉
じ方がおもしろいので、子どもと観察し
てみよう。

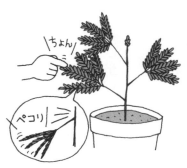

ちょん

ペコリ

＊触るのは1日10回くらいまで。触りすぎ
ると枯れてしまう。

37

16 ワタの栽培 (→植物図鑑 P.12)

果実からワタが出てくる様子に、子どもたちはびっくりです。

(→植物図鑑 P.12)

やってみよう！

用意するもの

ワタの種（園芸店で購入）、8〜10号の鉢かプランター（大）、小石か日向土、「花・野菜」用の土、網

1 種まきの時期は4月下旬〜5月中旬。1つの鉢に1粒の種をまく。深さは約1cm。プランターで育てる場合は、同じ深さに15cm間隔でまく。

花・野菜用の土

小石・ひゅうが土

5cm

底の穴は網でふさぐ

2 1日1回、水をやる。発芽までには10〜14日かかる。

＊花・野菜用の土を使わない場合には、発芽3週間後から2〜3週に1度、化成肥料をやる。

3 フヨウやムクゲに似た花が咲く。開花時期は6〜9月。花が咲いた後に果実ができ、それがはじけて中からワタが出てくる。上手に育てると、1本で10個ほどのワタが収穫できる。ワタの中には種ができている。

作ってみよう！

ワタ人形

ワタで人形を作り、ふわふわとした感触を楽しもう。

ワタのドライフラワー

ワタの果実がはじけたら枝ごと切り、風通しのよい所につるしておくと、ドライフラワーができる。

17 インゲンマメの栽培 (→植物図鑑 P.12)

収穫までの期間が短いインゲンマメを栽培してみましょう。

やってみよう！

用意するもの

インゲンマメ（つる有り）の種（豆）、8〜10号の鉢、「花・野菜」
用の土、小石、網または大きな石、堆肥、化成肥料、竹の支柱

❶ 種まきの時期は4〜5月。植える前に、土に堆肥をひと握り混ぜておく。1つの鉢に2つの種（豆）をまく。深さは約1cm。

❷ 日当たりのよい所に置き、毎日水をやる。本葉が出たら、葉がしっかりしているほうを残して間引く。

花・野菜用の土に堆肥を混ぜておく

網または大きな石でふたをする　小石 5cm

間引く

❸ つるが伸びてきたら1mくらいの支柱を立て、堆肥か化成肥料をひと握り、根元に追肥する。

❹ 7〜8月ころに収穫。よく洗い、バターなどで炒めて食べる。または、豆のさやが茶色になるまで置いておき、豆の色や模様などを観察してあそびに活用したり、次回の栽培用に豆を取っておいたりするのもよい。

ひもでゆるくしばる

支柱

> **Memo**
> ### インゲンマメ（マメ科）
> ＊
> インゲンマメは栽培期間が短く、1年に3回くらい育てることができるので、「三度豆」と呼ばれることもある。

18 サツマイモの栽培 <small>(→植物図鑑 P.12)</small>

サツマイモを苗から栽培。生長を楽しみに観察しましょう。

やってみよう！

用意するもの

芋苗（サツマイモ、ムラサキイモなど好きな種類を園芸店で購入）、
プランター、「花・野菜」用の土、堆肥、小石

1 植え付けは5月中に行うのが理想。プランターに小石と土を入れる。土に堆肥を混ぜ込んでおく。

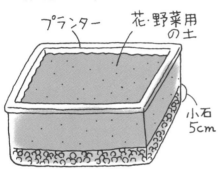

プランター
花・野菜用の土
小石 5cm

2 苗は寝かせて茎の半分くらいがしっかり土の中に入るように植える（斜め植え）。植えたらすぐに水をやる（土が流れないように優しく）。

土の中に半分くらい入っている

3 日当たりのよい所に置き、毎日水をやる。1週間くらいで苗が根付く。

＊最初の苗にあった葉は枯れてしまうことが多いが、徐々に新しい葉が出てくる。

4 その後も水やりを続け、生長を観察しながら収穫を楽しみに。9月下旬〜10月に収穫。

19 イモの水栽培 (→植物図鑑 P.12)

芽が出てしまったイモを水栽培してみましょう。

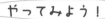
やってみよう！

用意するもの

芽が出てしまったイモ（ジャガイモ、サツマイモ、サトイモ、ヤマイモ、コンニャクイモなど）、観察用ケースまたは水槽、小石、水

1 観察用ケースにきれいに洗った小石を、高さ3cmくらい敷き詰める。

2 **1**にイモを置き、小石より5mmくらい上まで水を入れる。

＊水が多すぎると、イモが腐りやすくなるので注意。

3 ケースは窓辺に置いておき、2～3日ごとに水を入れ替える。芽が伸びて生長する様子を観察しよう。

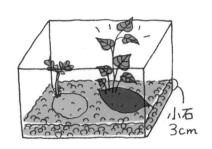

小石
3cm

20 水草（ホテイアオイ）の栽培 (→植物図鑑 P.12)

簡単に水栽培できるホテイアオイ。窓辺に置いて、観察を楽しみましょう。

やってみよう！

用意するもの

ホテイアオイ（園芸店・観賞魚店で購入）、水槽、小石、水

1 水槽に小石を入れて、水をたっぷり入れる。そこにホテイアオイを浮かべる。

2 窓辺など日当たりのよい所に置いて、生長を観察。水が減ってきたら足す。

水は
たっぷり

小石を
敷く

21 ヒョウタンの栽培・製作 （→植物図鑑 P.12）

ヒョウタンを種から育て、製作にも生かしましょう。

やってみよう！

用意するもの

千成ヒョウタンの種（園芸店で購入）、8〜10号の鉢、「花・野菜」用の土、
小石、網または大きな石、化成肥料（小粒）、竹の支柱

1 種まきの時期は4月後半〜6月前半。1つの鉢に2つの種をまく。深さは約2cm。

花・野菜用の土

小石5cm

網または大きな石でふたをする

2 日当たりのよい所に置き、毎日水をやる。本葉が出たら、葉がしっかりしているほうを残して間引く。

間引く

3 本葉が2〜3枚出てきたら、20粒くらいの化成肥料（小粒のもの）を2〜3週間ごとにやる。支柱を立ててつるをはわせ、その先はフェンスや棚などにはわせる。

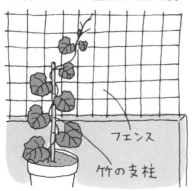

フェンス

竹の支柱

4 8〜10月ころ、実が硬くなったら収穫。のこぎりでヒョウタンの上部を切り取る。

のこぎりで切り取る

5 ❹の切り口から割りばしを刺して水につけておくと、数日で中身が腐る。2～3日に一度、ヒョウタンの中と外を洗い、新しい水につける。

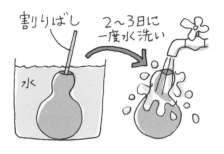

割りばし

2～3日に一度水洗い

水

6 ❺を3週間続けた後、逆さまにして干す。乾いたら、製作などに利用できる。

逆さまに干す

作ってみよう！

マラカス

ヒョウタンの表面に、木工用接着剤でフェルトをはったり、絵をかいたりして模様を付ける。中に豆を入れ、木の枝やコルクでしっかり栓をする。

豆

コルクなど

フェルトを切ったもの

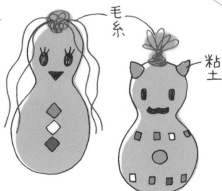

毛糸

粘土

人形

毛糸、フェルト、紙粘土などを木工用接着剤で付け、自由に作る。油性ペンで目や口をかき加えても。

キュウリ・トマトの栽培 (→植物図鑑 P.12)

春に種をまき、夏に収穫するキュウリやトマトを栽培しましょう。

やってみよう！

用意するもの

キュウリまたはトマトの種、8〜10号の鉢、「花・野菜」用の土、小石、網、化成肥料（小粒）、竹の支柱（70〜80㎝）、ワイヤー

＊トマトの種はとても小さいので、なくさないようにと、子どもたちに話しておこう。

1 種まきの時期は5月中旬。

[キュウリ]
1つの鉢に3つの種をまく。1㎝間隔で深さは約1㎝。

[トマト]
鉢の中央、深さ約1㎝に3〜5粒の種をまく。

花・野菜用の土
小石 2cm
網または石でふさぐ

2 鉢は日当たりのよい所に置き、発芽するまでは朝と夕方、種が流れてしまわないように、優しく水をやる。

3 双葉が出たら、元気のよい1本を残して間引く。水やりは朝夕。

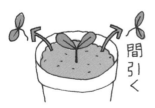

間引く

4 5月下旬ころから2〜3週に1回、20粒ほどの化成肥料（小粒のもの）を根元にまく。

化成肥料

5 本葉が出てきたころ、支柱を立てて苗をワイヤーで留める。朝夕たっぷり水をやる。7〜8月ころに収穫。

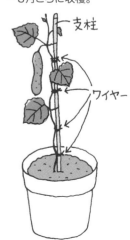

支柱
ワイヤー

Memo

害虫に強いトマト

＊

トマトの茎や葉には、白く細かい毛がびっしり生えていて、虫などがこれにふれると、虫のいやがる成分が出る。トマトの白い毛にそっとふれて香りをかぐと、トマト独特の香りがする。子どもたちに「トマトが虫から自分を守っているんだよ」と話してみよう。

23 ヘチマの栽培・あそび （→植物図鑑 P.12）

栽培過程も収穫後も楽しいヘチマを育ててみましょう。

やってみよう！

用意するもの

ヘチマの種（園芸店で購入）、8〜10号の鉢、「花・野菜」用の土、小石、
網または大きな石、化成肥料（小粒）、竹の支柱

1 種まきの時期は4月後半〜6月前半。1つの鉢に2つの種をまく。深さは約2cm。日当たりのよい所に置き、毎日水をやる。

花・野菜用の土

網または大きな石でふさぐ

小石5cm

2 本葉が出たら、葉がしっかりしているほうを残して間引き、本葉が2〜3枚出てきたら、20粒くらいの化成肥料（小粒のもの）を2〜3週間ごとにやる。

化成肥料

間引く

3 支柱を立ててつるをはわせ、その先はフェンスや棚にはわせる。8月ころに、茎を切ってヘチマ水を取ってみよう（下記参照）。

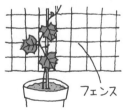

フェンス

4 8〜9月ころ、実が30〜50cmくらいに生長し、硬くなったら収穫。

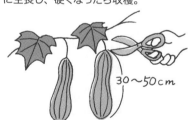

30〜50cm

作ってみよう！

ヘチマ水

地面から1mくらいの所の茎を切り、先を瓶に入れる（瓶の口はふさぐ）。数時間でコップ1杯分くらいのヘチマ水が取れるので、手や足に塗ってみよう。

瓶は土に埋めて固定

綿を詰めてアルミホイルを巻く

ヘチマたわし

収穫したヘチマを水につけておき、2〜3日に一度、皮をもみながらむくと、腐らないまま中の繊維を取り出すことができる。乾燥させ、適当な大きさに切って、たわしに。

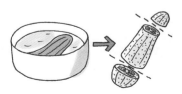

45

24 ドクダミ茶を作ろう （→植物図鑑 P.13）

強い香りのドクダミでお茶を作り、楽しみましょう。

やってみよう！

① 5〜6月、葉のきれいな時期に茎の根元から摘み取る。

摘み取る

② 水でよく洗う。

> **Memo**
> **ドクダミ（ドクダミ科）**
> ＊
> 昔からあせもや胃の薬として用いられてきた薬用植物。香りが強いが、部屋に飾っておくことで消臭効果も発揮する。

③ 水を切り、3本ほどの束を作り、逆さまにして風通しのよい所につるす。

④ 2〜3週間で葉がパリパリに乾いたら、葉を全部取る。

⑤ ④で取った葉（10〜20枚）を土瓶か耐熱性のきゅうすに入れ、お湯を注ぐ。

注意！
鉄製のやかんなどは、ドクダミの成分が化学変化を起こすので避ける。

＊子どもたちがあそんでいるときは、保育者がそばについて見守り、安全面・衛生面に十分配慮しましょう。誤嚥・誤食やけどにつながらないよう、子どもの年齢・発達に留意して、素材を提供してください。自然物にふれた後は、しっかり手を洗いましょう。

夏

いきいきとした緑が豊かになってくる季節。
太陽に誘われて、外でダイナミックに、
自然のエネルギーを感じてあそびましょう。

P.58「ムクロジの泡あそび」

P.66「葉っぱでたたき染め」

P.51「シロツメクサあそび」

25 オシロイバナの栽培・あそび

オシロイバナを育て、花や種であそびましょう。(→植物図鑑 P.13)

やってみよう！

用意するもの

オシロイバナの種（園芸店で購入）、8〜10号の鉢か
プランター（大）、小石か日向土、「花・野菜」用の土、網

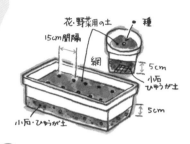

① 種まきの時期は4月下旬〜6月上旬。1つの鉢に
1粒の種をまく。深さは約1cm。プランターで育
てる場合は、同じ深さに15cm間隔でまく。

② 1日1回、種が流れてしまわないように、優しく
水をやる。約10日間で発芽する。

③ 7〜11月ころまで、赤・白・黄・紫などの花が咲く。
1株の中でも、色の違う花が咲くこともある。午
後から夜にかけて咲き、午前中は花を閉じている。

④ 花が咲いた後に、黒い種ができる。

色水あそび

① 赤・紫などの花と少量の水をコップ
に入れてつぶすと、きれいな色水が
できる。

② ままごとに使ったり、色水で絵をか
いたりして楽しめる。

パラシュート

1 子房の部分を優しく引っ張ると、めしべが花に引っかかり、パラシュートのでき上がり。

ここを持って引っ張る

2 高い所から落として、その様子を見てみよう。

おしろい作り

1 黒く熟した種の皮をむく。種が乾くと皮がむけなくなるので、取ったらすぐにむく。

2 中の白い実を容器に入れてすりつぶす。

すりすりすり

3 できた粉を手に塗ってあそぶ。あそび終わったら、しっかり手を洗おう。

ぬりぬり

注意！
毒があるので、
種を口に入れないように
気を付けましょう。

26 キュウリの茎の汁でシャボン玉

ウリ科の植物の茎から出る汁で、シャボン玉を作りましょう。　（→植物図鑑 P.12）

（→植物図鑑 P.12）

やってみよう！

❶ ウリ科（キュウリやカボチャなど）の茎を、はさみで切り、出てきた汁をストローの先に付ける。

❷ ストローの反対側から、シャボン玉のようにそっと吹いてみる。

27 ヒマワリの茎でスポンジ取り

スポンジのようなヒマワリの茎の中身であそびましょう。　（→植物図鑑 P.13）

（→植物図鑑 P.13）

やってみよう！

❶ 大きく育ったヒマワリの茎を、縦に上から下へと裂く。

❷ 茎の中は、軟らかくスポンジのようになっている。これを触ったり、取り出してままごとや製作に使ったりして楽しむ。

縦半分に裂く

この白い部分が軟らかい

ちぎってままごとのごはん

細長くちぎって引っぱりっこ

細長くちぎって絵画素材に

28 シロツメクサあそび <small>(→植物図鑑 P.13)</small>

シロツメクサの花を摘んで、首飾りを作りましょう。

やってみよう！

アクセサリー作り

シロツメクサの茎を、図のように
交互にからめて、つなげていく。
長くなったら、首飾りや冠に。

ボールあそび

1 シロツメクサを 50 ～
60 本摘む。花束を 2 つ
に分け、茎同士を合わせ
て真ん中をたこ糸で縛
る。

たこ糸

2 でき上がったら、花がつ
ぶれないようにふんわり
とキャッチボールをして
あそぶ。

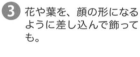

3 花や葉を、顔の形になる
ように差し込んで飾って
も。

29 ムクゲ・フヨウの 色水ゼリーあそび （→植物図鑑 P.13）

ムクゲやフヨウの花から、トロトロの色水を作りましょう。

やってみよう！

1 庭木でよく見られるムクゲやフヨウのしぼんだ状態の花を集める。

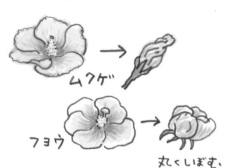

ムクゲ

フヨウ

丸くしぼむ。

2 集めた花を容器に入れ（ムクゲなら4〜5つ、フヨウなら2つくらい）、少し水を加えて、割りばしで細かくつぶす。

水

3 花の色はほとんど出ず、透明に近い色だが、トロトロにねばった液になるので、その感触を楽しもう。ままごとなどに使っても。

ねばねば

トロトロ〜

30 ツユクサの不思議 （→植物図鑑 P.13）

ツユクサの花から取った色水で、絵をかいてあそびましょう。

やってみよう！

1 ツユクサを摘んできて、花の部分を容器に入れ、少しだけ水を加えて、割りばしなどですりつぶす。

＊色を出すには、多めに集める必要がある。

2 できた色水を筆に付けて、画用紙に絵をかく。

3 かいた絵を太陽の光に当ててみる。不思議ふしぎ！　絵が消えて見えなくなってしまう。水につけても同様に、絵は消えて見えなくなる。この不思議をみんなで味わってみよう。

31 ユリの花粉絵 （→植物図鑑P.13）

ユリに付いている花粉を絵の具にして、お絵かきしてみましょう。

やってみよう！

1 ユリの花の花粉が付いている部分をつまんで引っ張り、容器に入れて、少量の水を入れる。

水を少し入れる

2 ❶の花粉と水を割りばしでかき混ぜ、筆で白い紙に絵をかいてみましょう。

＊ユリ花粉の色水は、酸化したり、紙の成分と化学反応を起こしたりして、変色することもある。

ユリの花粉でかきました

Memo
花粉
＊
花粉の受粉によって、植物は種を作り、子孫を作る。その受粉の仕方は種類によってさまざま。ユリの花のようにみつや香りで虫を誘い、虫の体におしべの花粉が付いてめしべにふれて受粉する花は、虫媒花（ちゅうばいか）と呼ばれる。また、トウモロコシのように雄花と雌花が離れているものは、風によって花粉が運ばれて受粉するので、風媒花という。おしべとめしべが互いに動いて受粉（自家受粉）するものもある。

32 ササの葉あそび (→植物図鑑P.13)

夏に豊富なササの葉を使って、伝承あそびを楽しみましょう。

やってみよう！

ササあめ

1 ササの葉を、葉柄を少し長めに残して取り、図のように、三角に折っていく。

2 最後に、葉柄を中に差し込んだらでき上がり。たくさん作ってままごとや飾りにしても楽しい。

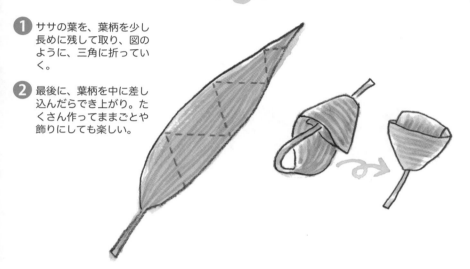

ササ舟

1 葉の両端を折り曲げて3つに裂き、図のように差し込んで組み合わせる。

2 水に浮かべ、息を吹きかけて動かしてみよう。友達と競争しても楽しい。

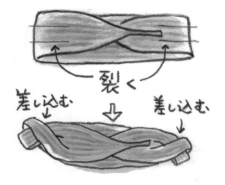

裂く

差し込む　差し込む

33 エノコログサあそび (→植物図鑑 P.14)

「ネコジャラシ」の、おもしろい動きを楽しみましょう。

やってみよう！

毛虫

1 穂の部分を切り取る。

2 軽く握ったり緩めたりを繰り返す。穂が毛虫のように動き出しておもしろい。

切る

すもう

1 穂の部分を半分くらい切り取る。

2 箱で土俵を作り、切った穂を逆さまに置く。手で軽く箱をたたいて、対戦する。

切る

土俵をかく

トントン

トントン

箱

34 クズの葉鉄砲 (→植物図鑑 P.14)

パン！と気持ちのいい音が出るクズの葉の鉄砲です。

やってみよう！

1 片手を軽く握る。

2 その手の上にクズの葉を載せ、真ん中を少し指でへこませて、もう一方の手で勢いよく葉をたたく。葉っぱが破れて、パンといい音がする。

葉っぱをのせる

> **Memo**
>
> **クズ（マメ科）**
>
> *
>
> クズは秋の七草。根からは葛粉が取れ、さまざまな食品の原料になる。また、根を葛根と呼び、漢方薬「葛根湯」の原料として知られている。

35 ヨウシュヤマゴボウの種絵 (→植物図鑑 P.14)

ヨウシュヤマゴボウの小さな種で、お絵かきしましょう。

やってみよう！

実から出てくる小さな黒い種を取り、よく洗って乾かす（保育者が行う）。紙や板、段ボールなどに木工用接着剤で絵をかき、その上から種をかけて砂絵のようにすると、種絵のでき上がり。

注意！

ヨウシュヤマゴボウの葉、実、根には毒があるので、絶対に口に入れないように。

36 ムクロジの泡あそび （→植物図鑑 P.14）

羽根つきの玉に使われるムクロジの実の皮を使って、泡を作ります。

やってみよう！

1 春から夏に落ちた実を20〜30個集めて、皮をバケツに入れる。

2 ❶にホースで勢いよく水を入れると、バケツからたくさんの泡が出てくる。手や足に付けたり、シャボン玉を作ったりしてあそぼう。

この部分から半分に割れる

*中の黒い実はビー玉がわりに転がしたり、はり絵に使ったりするとおもしろい。

板にくぎを打って
ムクロジ迷路

葉っぱなどと
組み合わせて
はり絵

ブクブクブク

注意！
実には
少し毒があるので、
口にしないように
十分注意しましょう。

37 アジサイの色が変身！ (→植物図鑑 P.14)

アジサイの不思議な色の変化に、子どもたちもびっくり。

○～○ やってみよう！ ～○

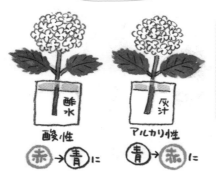

アジサイを、酢の入った水（酸性）や灰汁（アルカリ性）につける。色が変化する様子を観察しよう（最近のアジサイは品種改良されたものが多く、色が変わらない場合もある）。

酸性 赤→青に

アルカリ性 青→赤に

Memo

花の色
*
この色の変化は、自然の中でも行われていること。アジサイはその土壌が酸性だと青、アルカリ性だと赤い花が咲く。

注意！
アジサイには全草に毒があります。口にしないように気を付けましょう。

38 インクの吸い上げ

白い花を色水につけて、きれいな色に染めてみましょう。

○～○ やってみよう！ ～○

用意するもの

白い花（バラ、カーネーション、カスミソウ、センニチコウ、マーガレットなど）、万年筆のインクや水性ペンなど

1 万年筆のインクを水に溶かしたり、水性ペンを水に浸してインクを出したりして、いろいろな色水を作る。

2 花を水切りし（P.33 参照）、色水に挿す。色水の濃さによってうまく吸い上げないことがあるので、様子を見ながらインクを足すなどして調整する。

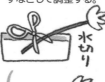

水切り

茎を縦半分に裂いて、半分ずつ違う色につけると、2色に染まる。

色の付いた花を束にして逆さまにつるしておくと、2〜3週間でドライフラワーに。

39 アサガオ・ヒマワリの種あそび

アサガオやヒマワリの種を取って、あそびに広げましょう。(→植物図鑑 P.13、14)

(→植物図鑑 P.13、14)

やってみよう！

アサガオの種取り

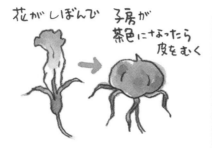

花がしぼんで 子房が茶色になったら皮をむく

子房が茶色になったころに皮をむくと、中から黒い種が出てくる。アサガオの種は一つ一つ形が違うので、たくさんの種を集めて、形の似たものを探すのも楽しい。

種の形はいろいろ

Memo
アサガオ（ヒルガオ科）
＊
短日植物といい、昼の時間が短くなると咲き始める植物。花の咲く時期は7〜9月ころ。一度咲いた花はしぼむともう開かなくなる。花がしぼんで20日くらいすると、子房が膨らみ、種ができてくる。

注意！
アサガオの種は誤食すると下痢などを起こすことがあるので、間違って口にしないように注意しましょう。

ヒマワリの種取り

オーソドックスなロシアヒマワリの場合、夏の終わりころに花の真ん中の管状花（かんじょうか）が種をつける。大型のものだと、1000〜2000個の種が取れる。みんなで取って、いろいろなあそびに使ってみよう。

管状花

Memo
ヒマワリ（キク科）
＊
一年草で、手軽に栽培でき、子どもたちも楽しんで観察できるため、夏の栽培植物として好まれる。近年種類も増え、小さいもの、八重咲きのものなどいろいろある。種は食用やヒマワリ油の原料にもなる。

作ってみよう！

ワッペン

❶ お菓子の空き箱などを好きな形に切り取る。

❷ 安全ピンにリボンを通し、❶にセロハンテープではる。

❸ 裏の印刷されていない面に、種を木工用接着剤ではりつけ、顔や模様を作る。

作ってみよう！

メダル

❶ 紙粘土で薄いクッキーのような形を作る。クリップに木工用接着剤を付けて差し込む。

❷ 種を木工用接着剤で付け、自由に模様や顔を作る。

❸ 毛糸をクリップに通してでき上がり。

＊ 毛糸は結ばずテープで留める。

61

40 竹ぼうきを作ろう (→植物図鑑 P.13)

七夕で使って枯れた竹やササで、ミニミニ竹ぼうきを作りましょう。

作ってみよう！

用意するもの
枯れた竹やササ、セロハンテープ、麻ひも

1 枯れた竹やササを、葉ごと水につけて
1日置く。

24時間

枯れた竹やササ

2 翌日には葉がきれいに落ちるので、枝を
切り、細い枝と太い枝に分ける。

切る

太い枝

細い枝

3 太い枝の先に、セロハンテープで細い枝
を付けていく。

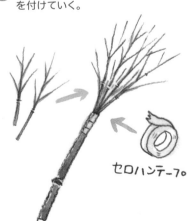

セロハンテープ

4 最後はセロハンテープを隠すように麻ひ
もを巻きつける。

セロハンテープが
見えないように
麻ひもを巻く

麻ひも

41 トクサのつめ磨き （→植物図鑑 P.14）

ざらざらした茎を利用して、マイつめ磨きを作りましょう。

やってみよう！

① トクサの茎を1か所縦に切る（保育者が行う）。

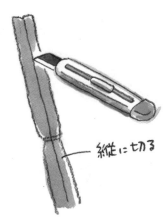

縦に切る

② ❶の切れ目から開いて板の上に広げて載せ、両端をクリップで留める。そのまま1週間乾燥させる。

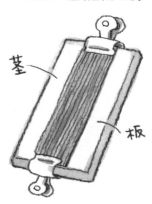

茎

板

Memo

やすりになる植物
*

トクサは湿った土壌で育ち、日本庭園風の水辺によく植えられている。昔はこの茎で家具などを磨いていた。ほかに、ムクノキの葉も表面がざらざらしていて、そのままつめ磨きとして使うことができる。ムクノキは、昔、日本刀の仕上げにも使われていたといわれている。

③ ❷が乾いたら木工用接着剤で板にはりつける。茎につめを当て、茎の筋に対して垂直に動かして磨く。

垂直に動かす

42 葉っぱのお面

夏に青々と茂った葉っぱを使って、おもしろいお面を作りましょう。

やってみよう！

園庭や散歩先で、大きな葉っぱを見つけたら、つめや指でちぎったり、穴を開けたりして、顔を作る。葉っぱの感触や香りも楽しもう。

＊身近でよく見かける大きな葉っぱには、ビワ、クズ、アオギリ、キリ、ヤツデ、ハンテンボク（ユリノキ）、ホオノキ、サトイモなどがある。

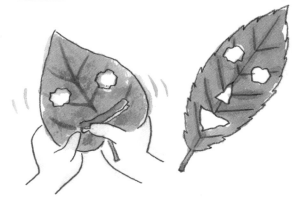

43 葉っぱのスタンプ

葉っぱにインクを付けてスタンプ。いろいろな模様を楽しみましょう。

やってみよう！

❶ いろいろな形、模様の葉っぱを拾い集めておく。好きな葉っぱを選び、スタンプ台に押し当て、まんべんなくインクを付ける。

❷ ❶の葉っぱの上から普通紙を置いて、手のひらで押さえる。

44 葉っぱのこすり出し

さまざまな画材で、葉っぱのこすり出しをやってみましょう。

 やってみよう！

いろいろな形、模様の葉っぱを拾い集めておく。
好きな葉っぱを選び、その上に普通紙を置く。

色鉛筆か濃い鉛筆（B以上）で
紙がずれないように押さえ、上から優しくこすると、葉っぱの模様が浮き出てくる。

チョークやコンテの粉で
チョークやコンテを紙やすりで粉にする。これを紙の上からかけて、そっと手のひらでなでる。

チョークや
コンテ

45 葉っぱでたたき染め

いろいろな葉っぱを集めて、たたき染めをしてみましょう。

用意するもの

いろいろな色や形の葉、板（高さ5〜10㎝）、木づち、綿の布（30㎝四方程度）

たたくことで色だけでなく香りも楽しめる葉を選ぶとよい。色や香りが強いドクダミ、小さくて色が出やすいシロツメクサ、夏でも赤い葉があるカエデなどがお勧め。

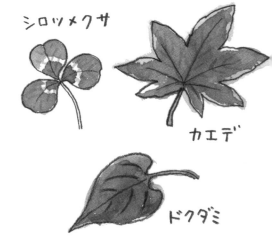

シロツメクサ

カエデ

ドクダミ

① 布を三角や四角に折り曲げ、間に葉を挟む。

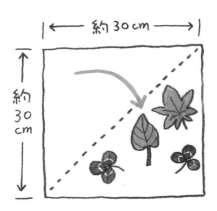

← 約30cm →

約30cm

② 板の上に載せ、木づちで優しくたたく。しばらくすると葉っぱの形が浮き出てくる。

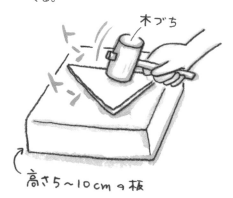

木づち

トントン

高さ5〜10cmの板

66

46 ヨモギで草木染め _(→植物図鑑 P.14)

身近にあるヨモギの葉を使って、草木染めをしましょう。

やってみよう！

[準備] 媒染液作り ＊一般には、ミョウバンやソーダなどで作られた人工的なものを使う。

用意するもの

ツバキ・サザンカ・サカキなどアルミニウムが多く含まれる緑色の葉、
缶（直径 20〜30cm くらいのもの）、バケツ、水、ふきん

❶ ツバキやサザンカの葉を、枝付きの
まま缶に入れて燃やす。

❷ ❶の灰をバケツなどに入れ、灰の数
倍の水を加えてよくかき混ぜてお
く。

❸ ❷のバケツの水の上澄みを取り、ふ
きんなどでこしてでき上がり。

ヨモギの草木染め ＊ハーブ系の植物なら、たいていのもので染色できる。

用意するもの

ヨモギの葉、なべ（ステンレスかホウロウ）、水、布、輪ゴムや糸、媒染液

❶ 軟らかいヨモギの葉をたくさん集
め、なべに水と共に入れて、30 分
ほど煮る。

❷ 布を何か所か、輪ゴムや糸でくくり、
❶に入れて再び 30 分ほど煮る。

❸ ❷で煮た布をよく絞り、作った媒染
液につける。ときどきかき混ぜなが
ら 30 分ほど置く。

❹ 輪ゴムや糸を取り、よく水洗いして
風通しのよい所に干す。乾いたらで
き上がり。

＊火の扱いは大人が行う。

47 植物の水時計

夏の草花を使って、水時計を作ってみましょう。

作ってみよう！

用意するもの

花びらや葉っぱ、2Lのペットボトル2本（なるべく同じ形のもの）、
水、ビニールテープ、布ガムテープ

1 ペットボトルのラベルを外し、1本に水を8分目くらいまで入れる。

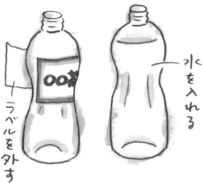

ラベルを外す

水を入れる

2 水を入れたペットボトルに、花びらや葉っぱをちぎって入れる。

＊花や葉が大きすぎたり、多すぎたりすると詰まってしまうので、様子を見ながら加減する。

花びらや葉っぱ

3 もう1本の空のペットボトルと口をつなぎ、ビニールテープを20回くらい巻いて固定する。その上から布ガムテープを5回くらい巻く。

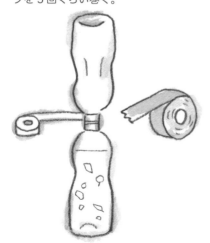

4 ひっくり返して、花びらや葉っぱが移動する様子を楽しもう。

48 セイタカアワダチソウの矢飛ばし

飛ばしっこ競争をしてあそびましょう。

(→植物図鑑P.15)

やってみよう！

❶ 50cm ～１ｍくらいに伸びたセイタカアワダチソウを根元から切り取るか、根ごと引き抜いて土を落とし、根元のほうの葉っぱを取る。

❷ 広い場所でやり投げをするように放って飛距離を競ったり、壁や的などをねらって投げたりしてあそぶ。

49 枝で釣りごっこ

木の枝を使って、葉っぱ釣りを楽しみましょう。

やってみよう！

❶ たらいに水を入れ、いろいろな大きさ・形の葉っぱを浮かべる。

❷ 木の枝（50 ～ 80cm くらい）で浮かんだ葉っぱを引っかけ、釣り上げてあそぶ。

＊使い終わったら、水は捨てるなど管理を忘れずに。

葉柄を丸めておくと
釣りやすい

50 カキの葉茶を作ろう (→植物図鑑P.15)

ビタミンCたっぷりの、体に優しいお茶を作りましょう。

やってみよう！

① 6月ころの若葉をたくさん摘み、1枚ずつ丁寧に洗う。

> **Memo**
>
> **カキの葉パワー**
> ＊
> カキの葉に豊富に含まれるビタミンCやタンニンには抗菌作用があり、食品の保存に役立つ。昔、食物輸送の手段が発達していない時代、生の魚が腐らないようにカキの葉で包んで吉野の朝廷に届けた。これが「柿の葉ずし」の始まりといわれている。

② 洗った葉をフライパンに入れ、焦げないようにはしでかき混ぜながら、パリパリに乾燥するまでいる。

③ 乾燥した葉を砕き、せんじて飲む。

子どもたちがあそんでいるときは、保育者がそばについて見守り、安全面・衛生面に十分配慮しましょう。誤嚥・誤食やけがにつながらないよう、子どもの年齢・発達に留意して、素材を提供してください。自然物にふれた後は、しっかり手を洗いましょう。

秋

色の移り変わり、虫のきれいな音色、
豊かな実りが楽しみな季節。
澄んだ空気の中で、自然の恵み
を感じてあそびましょう。

P.72「ドングリあそび」

P.77「ススキの穂人形」

P.76「木の実投げ」

51 ドングリあそび （→植物図鑑 P.15）

ドングリを使ったあそびや製作いろいろです。

やってみよう！

帽子合わせ

いろいろな種類のドングリを集めて、それぞれ帽子を取る。どれがどのドングリの帽子なのか、当てっこする。

Memo
ドングリの帽子
＊
俗にドングリの帽子と呼ばれているものは、正式には、殻斗という。

標本作り

❶ みんなでドングリ拾いをする（なるべく多く、またいろいろな種類のドングリを集める）。

❷ 仕切りのある箱を用意し、拾い集めたドングリを形や色などを見ながら、種類別に分ける。図鑑などで名前を調べ、書き込むとよい。

仕切りのある箱

スダジイ　ヨーロッパ　シラカシ
ツクバネガシ　コナラ　アラカシ　クヌギ　ナラガシワ

名前を書く

こま

1 木についている、まだ緑色のドングリを取る。

2 つまようじをドングリにしっかり差し込み、約1cm残して切り取る。

つまようじ

約1cm

＊緑色の未熟なドングリは軟らかいので、子どもがつまようじで穴を開けることができる。落ちている硬いドングリを使う場合は、保育者がきりなどで穴を開ける。

やじろべえ

1 皮が軟らかいドングリを使う（ここではクヌギとウバメガシを使用）。保育者がきりで穴を開ける。

クヌギ

穴を開ける

ウバメガシ

2 油性ペンで顔をかいたら、穴に木工用接着剤を塗り、竹ぐしを差し込む。

竹ぐし

穴に接着剤を塗って差し込む

竹ぐし

3 中央の竹ぐしを指で支えて、ゆらゆら揺れるやじろべえの動きを楽しもう。

ユラ ユラ

モビール

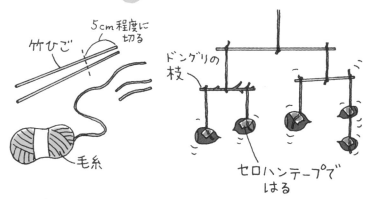

枝や竹ひごに毛糸を結びつけ、毛糸の先にセロハンテープでドングリを付けてモビールを作る。バランスを見ながら、毛糸の長さやドングリの数や大きさを調整しよう。

竹ひご

5cm程度に切る

毛糸

ドングリの枝

セロハンテープではる

52 ゾウムシを育てよう

ドングリの中から出てくるゾウムシの幼虫を、成虫まで育ててみよう。

やってみよう！

 用意するもの

クヌギのドングリ、木の根元の土、落ち葉、飼育ケース、霧吹き、水、ガーゼ

1 クヌギのドングリをたくさん集め、クヌギの木の根元にある土と落ち葉と一緒にケースに入れる。霧吹きなどで少し湿らせる。

2 ドングリからゾウムシの幼虫が出てきたら、逃げないように目の細かいガーゼでふたをする。

3 口先がゾウの鼻のように長いのでゾウムシと呼ばれるその虫を、みんなで観察しよう。

クヌギのドングリ

土　　落ち葉

ガーゼでふたをする

ススキの矢飛ばし （→植物図鑑 P.15）

どこまで高く飛ぶか、みんなで競争してみましょう。

やってみよう！

1 幅広のススキの葉を選び、約 1m の長さで切る。根元側から図のように 2 か所を 15 cm ほど切り込む。切った外側の葉は下に垂らす。

2 左手で葉の下を支え、右手で下に垂らした葉を勢いよく引っ張ると、真ん中の葉の軸が矢のように飛ぶ。

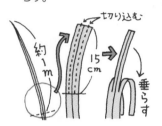

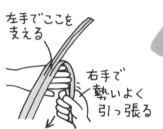

注意！
ススキの葉は
ふちが鋭く
手を切ることがあるので、
気を付けましょう。

ネズミモチの鉄砲 （→植物図鑑 P.16）

黒いネズミモチの実を、鉄砲玉のように飛ばしてあそびましょう。

やってみよう！

黒く熟したネズミモチの実を取る。だ円形の実の端をつまむように持つと、実の皮がむけて、中身が鉄砲玉のように飛んでいく。

Memo
ネズミモチ（モクセイ科）
*
ネズミモチの木は、公園などでよく見かける。実がネズミのふんに、葉がモチノキに似ているところから、この名前がついたといわれている。

55 木の実投げ <small>(→植物図鑑 P.15)</small>

決めた場所めがけて、木の実を投げてあそびます。

(→植物図鑑 P.15)

やってみよう！

1 地面に円をかき、そこから離れた位置に、線を引く。

2 1人3個ずつ木の実を持ち、順番に線の所から円めがけて木の実を投げる。円の中にいちばんたくさん入った子の勝ち。

＊木の実はなんでもOK。ドングリ、クルミ、ムクロジ、ギンナンなどを使うと、当たったときにいい音が鳴って楽しい。

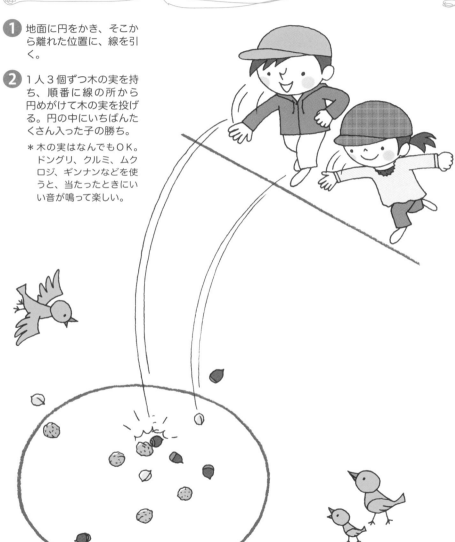

56 木の実飛ばし <small>(→植物図鑑 P.15)</small>

木の実に糸を付け、遠くに飛ばしてあそびましょう。

やってみよう！

❶ ドングリやマツボックリに、たっぷりの木工用接着剤でたこ糸（約30㎝）を付ける。

たこ糸

❷ 接着剤が十分乾いてからあそぶ。糸の端を手で持ち、ぐるぐる回して飛ばしてみよう。友達と競っても楽しい。

> 注意！
> あそぶときは十分に広い場所で。周りに人がいないことを確認してから、飛ばしましょう。

57 ススキの穂人形 <small>(→植物図鑑 P.15)</small>

ススキの穂を使って、オリジナルの人形を作りましょう。

作ってみよう！

❶ ススキの穂を10本くらい束ねて下に折り曲げ、糸や輪ゴムで留める。

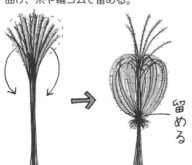

留める

❷ 紙で目や口を作り、木工用接着剤ではる。

色画用紙 など

58 ボダイジュ・カエデのパラシュート

回転しながら落ちる実や種であそびましょう。

(→植物図鑑 P.16)

やってみよう！

ボダイジュ

1 苞に付いて落ちているボダイジュの実を拾う。実を1つだけ残して、あとは取る。

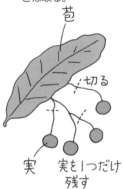

苞

切る

実　実を1つだけ残す

2 高い所から落とすと、回転しながら落ちていく。実の数を減らすと、落ち方がゆっくりになる。みんなで滞空時間を競っても楽しい。

カエデ

1 カエデの種を図のように切り取る。

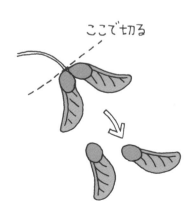

ここで切る

2 高い所から落とすと、回転しながら落ちていく。

59 色づく葉っぱを探そう

子どもたちと一緒に、赤や黄色に染まる葉っぱを探してみましょう。

やってみよう！

いろいろな植物のある場所で、葉っぱを拾う。
紅葉（黄葉）する植物には、次のようなものがある。

モミジ類　　　イチョウ　　　ウルシ

ウリハダカエデ　　イタヤカエデ　　ニシキギ

＊ウルシ類はかぶれることがあるので注意。

> **Memo**
> **紅葉**
> ＊
> 植物は、太陽の光で光合成をして、葉の中で糖を作り、それを枝から幹に栄養として送っている。しかし、日照時間が短くなり、気温が低くなる秋に、紅葉する木は葉の光合成を停止させる。そのため、水を送る管や栄養が移動する管は断たれてしまう。そこで葉に残った糖から作られた色素が、赤などの色づきを見せてくれる、というのが紅葉の説の一つ。

60 色づく葉っぱではり絵

きれいな色の葉を押し葉にして、はり絵を楽しみましょう。

やってみよう！

1 色づいた葉を図鑑などの厚い本に挟み、2週間くらい置いておく。

2 葉が乾燥したら、これを画用紙にのりや木工用接着剤ではりつける。木の実などを付けても楽しい。

木の実など

61 焼きイモをしよう (→植物図鑑 P.12)

秋に収穫したサツマイモを焼きイモにして、みんなで食べましょう。

やってみよう！

用意するもの

サツマイモ、落ち葉や枯れ枝、新聞紙、アルミはく、
竹ぐし、火ばさみ、消火用水（バケツに入れておく）

1 子どもたちと一緒に落ち葉や枯れ枝をた
くさん集める。1m四方の段ボール箱3
つ分くらいあるとよい。

＊濡れている葉っぱは数日干して乾
かしておく。

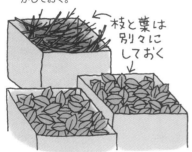

枝と葉は
別々に
しておく

2 枝を地面の上に広げて置く。2、3か所
に新聞紙を丸めて入れる。

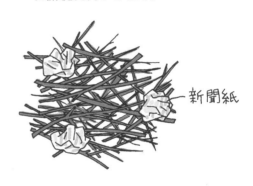

新聞紙

3 サツマイモをアルミはくで
包む（大きいイモは、程よ
い大きさに切ってから）。

アルミはく

4 広げた枝の上に**3**のイモを置き、そのイモが隠れるよう
に落ち葉をかぶせて、丸めて入れた新聞紙に火をつける。

＊火の周囲3mくらいに線を引き、子どもたちには、近づか
ないように伝える。

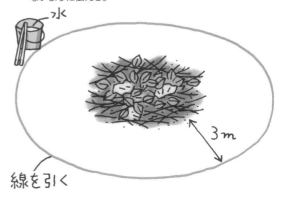

水

3m

線を引く

5 葉っぱが燃えてきたら枝や葉っぱを足しながら、20〜30分しっかり焼く（保育者が行う）。

保育者

6 火ばさみでイモを取り出し、アルミはくに包んだまま竹ぐしを刺してみる。中まですんなり入るようならでき上がり。まだ焼けていなければ、もう一度火の中へ（保育者が行う）。

竹ぐし

注意!

●たき火をする際は、
事前に消防署に連絡を
とり、相談しておきましょう。
●子どもたちには、
事前に「火の怖さ」について
よく話しておきましょう。

62 オナモミダーツ (→植物図鑑 P.16)

くっつく実・オナモミで、ダーツを作ってあそびましょう。

やってみよう！

① フェルトなど、くっつき
やすい生地で的を作る。

フェルト　点数をかく

10
20
30

接着剤などではる

② オナモミの実を的に向かって投げ、ダーツをしてあそぶ。

＊実は、強く持つと痛いので、そっと持つように
注意する。あそび終えた実は取っておき、3月
ころに植えると、芽が出てくる。

Memo

オナモミ（キク科）
＊
最近オナモミは絶滅危惧種になり見られなくなったが、
オオオナモミは川原や野原でまだ多く見られる。

63 ジュズダマの首飾り (→植物図鑑 P.16)

黒くて丸いジュズダマの実で、かわいい首飾りを作りましょう。

作ってみよう！

① 黒く熟したジュズダマの実を取り、花の
部分を取り除く。

花は
取り除く

② 針を使い、実の中に糸を通してつなげて
いく（保育者が行う）。
＊首がしまらないよう注意。

64 マツボックリ飾り (→植物図鑑 P.15)

形のおもしろいマツボックリで、かわいい飾りを作りましょう。

(→植物図鑑 P.15)

作ってみよう！

用意するもの

いろいろな種類のマツボックリ、木工用接着剤、ビーズ、
スパンコール、毛糸、フェルトなど

好きなマツボック
リを選び、用意し
てある材料を使っ
て自由に作る。上
部に毛糸を結びつ
けると、クリスマ
スのオーナメント
にもなる。

ビーズやスパンコールで飾ったり、フェルト
で目や口を付けて人形にしたり。

Memo
サバイバルの知恵
＊
水につけてしぼんだマツ
ボックリを口の細い瓶に
入れてしばらく置くと、乾
燥してかさを開き、瓶から
出せなくなる。これは濡
れると種を守るためにか
さを閉じる習性によるも
の。またマツボックリは、
熱を感じると一斉にかさ
を開いて種を飛ばすとい
う生き残りの知恵ももって
いる。

65 オモチャカボチャの人形 (→植物図鑑 P.16)

おもしろい形や色のオモチャカボチャで、人形を作りましょう。

(→植物図鑑 P.16)

作ってみよう！

用意するもの

オモチャカボチャ（ハロウィンの時期に店頭に並ぶ）、
木の枝、紙粘土、木工用接着剤、フェルト、ボタン

園芸店などでオモ
チャカボチャを購
入し、保育室に
飾ってみる。子ど
もたちと観察した
後、人形作りをし
てみよう。

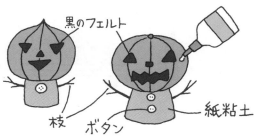

黒のフェルト

枝　ボタン　紙粘土

カリン

カボチャの代わりに、カ
リンの実で作ると、部
屋中に広がるよい香り
も楽しめる。

カブ・ダイコン・ニンジンの栽培

66

秋に植えて春に収穫する根菜を栽培してみましょう。（→植物図鑑 P.16）

やってみよう！

用意するもの

カブ・ダイコン・ニンジンの種（園芸店で購入）、プランター、「花・野菜」用の土、小石、化成肥料（小粒）

❶ 10〜11月ころ（種類によって時期が違う）、プランターに
約10㎝間隔、約1㎝の深さで種を植える。

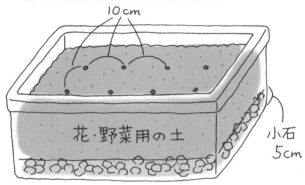

10 cm

花・野菜用の土

小石
5cm

＊ニンジンの種は特に小さいので、
どう扱ったらよいか子どもたちと
一緒に考えるとよい。
＊大根の場合、プランターは深さ
30㎝程度のものを選ぶ。

小さいね−

❷ 芽が出るまで毎日、土の表面がしっかりと濡れるくらいの
水をやる（種が流れないように優しく）。

③ 双葉が5㎝くらいまで育ったら、50粒くらいの化成肥料（小粒のもの）をプランター全体にまばらにまく。その後3週間に一度くらいの間隔でまく。

＊カブ・ダイコンにはアオムシがついて葉っぱを食べてしまうことが多いので、気を付けて見るように。

化成肥料

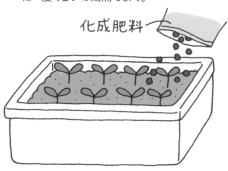

④ 2月中旬〜3月ころに収穫。収穫せずにそのまま5月ころまで生長させておくと、花を見ることができる。
　＊種類によって収穫時期は異なるので、種の袋に書いてある時期を確認しておく。

カブの花

ダイコンの花

ニンジンの花

67 ツバキ油作り (→植物図鑑 P.17)

ツバキの種をつぶし、油を取り出してみましょう。

やってみよう！

用意するもの

ツバキの種、ペンチまたは金づち、瓶、割りばし、手ぬぐい

1 ペンチや金づちを使って、種にひびを入れる（保育者が行う）。

2 ❶の種の皮を取り、中身（10〜20粒）を瓶に入れ、割りばしで粉々になるまでつぶす。

3 ❷を手ぬぐいなどに包んでしぼる。

4 じわっと染み出た油をはさみなどに塗ると滑りがよくなり、切れ味が変わるのでやってみよう（刃を指で触らないよう注意する）。

カリン茶を作ろう （→植物図鑑 P.17）

のどに優しい、あまーいカリン茶を作りましょう。

① 実をきれいに洗い、3mmくらいの厚さにスライスする（保育者が行う）。

② 種をきれいに取り除き、1枚1枚が重ならないようにざるなどに並べ、1週間ほど陰干しする。カビが生えないよう、風通しのよい所で。

3mmくらいのスライス

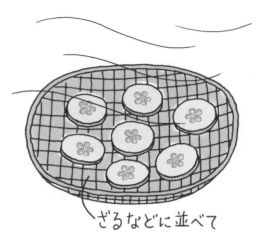

ざるなどに並べて

③ ②の干したスライスを1枚カップに入れてお湯を注ぎ、ハチミツをスプーン1杯加えてでき上がり。
＊1歳未満の子どもはハチミツの使用はNG。

ハチミツ

お湯

69 ローゼルハイビスカスティーを作ろう

人気の園芸品種ローゼルハイビスカスを育てて、お茶を作りましょう。 （→植物図鑑 P.17）

やってみよう！

❶ ローゼルハイビスカスの実を5つくらい収穫し、きれいに洗う。

❷ 保育者が実の皮を包丁でむいて、1週間ほど陰干しする。

ローゼルハイビスカスの実

皮

種

皮を陰干しする

＊皮をむくとき、とげに気を付ける。
＊中の種を取っておくと、次の年にまたローゼルハイビスカスを栽培することができる。

❸ 乾いた皮をきゅうすに入れてお湯を注ぎ、数分待って飲む。

子どもたちがあそんでいるときは、保育者がそばについて見守り、
安全面・衛生面に十分配慮しましょう。誤嚥・誤食やけがにつな
がらないよう、子どもの年齢・発達に留意して、素材を提供して
ください。自然物にふれた後は、しっかり手を洗いましょう。

冬

植物も生きものも、そっと息をひそめる季節。
寒いこの時期ならではの
自然を発見したり、室内での
製作あそびなどに取り入れたりしてみましょう。

P.103「木の実や葉のリース」

P.93「落ち葉のベッド」

P.101「染め木作り」

70 冬芽を探そう

寒い冬でも、樹木には春を待つ冬芽が。みんなで探してみましょう。

やってみよう！

園庭や散歩先で、子どもたちと一緒にいろいろな樹木を観察し、冬芽を探してみよう。

ツバキ
ツバキの冬芽を切ってみると、硬い皮の中には、すでに春に咲く花の中身が準備されている。

＊ サクラ、シラカシも同様に硬い皮に包まれている。

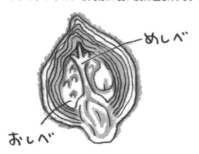

めしべ

おしべ

モクレン、アオギリ
いずれも毛の付いた皮で覆われている。

モクレンは細かい毛

トチノキ
ねばねばした液に冬芽が包まれている。

ねばねばしている

アオギリは硬い毛

90

71 園庭で野鳥観察

冬に野山からおりてくる野鳥を園庭に呼び、観察してみましょう。

やってみよう！

❶ 少し傷んだミカン（そのほか柑橘系ならなんでも）をみんなで持ち寄り、輪切りにして園庭の木の枝に刺しておく。

　＊ミカンのほかに、古くなった米やパンなどを、えさ台を作って置いておくのもよい。

❷ 数日後には、いろいろな野鳥が集まってくる。みんなでその姿を見たり、鳴き声を聞いたりして、じっくり観察しよう。

ミカン

パン

米

えさ台

注意！

野鳥には
素手で
触らない
ようにしましょう。

園庭に来たジョウビタキ。

72 松葉あそび (→植物図鑑 P.17)

この時期たくさん落ちている松葉で、いろいろなあそびを楽しみましょう。

やってみよう！

松葉と実の飾り

ナンテンの実

松の枝を花瓶などに入れ、葉先のとげのところに、ナンテンなどきれいな木の実を刺して付け、飾りを作ってみよう。

＊種類により、ナンテンの葉、実、枝には毒があるので、口にしないよう注意する。

松葉ずもう−その1

交差させる

松葉を1人1つずつ持ち、交差させて、引っ張り合う。ちぎれずに残ったほうが勝ち。

松葉はこの状態で取る

松葉ずもう―その2

1 松葉30本くらいを集めて束ねる。下を地面に付けてそろえたら、糸か輪ゴムで留める。上には、ツバキなどの硬い葉を差して、顔にする。

糸などで留める

ツバキの葉

下をそろえる

2 もう1つ松葉の束を作り、**1**に糸か輪ゴムで図のように留める。

十文字に留める

3 箱で土俵を作り、トントンたたいてすもうごっこ。先に倒れたり、土俵から出たりしたほうが負け。

トントン トントン

---

73 落ち葉のベッド

たくさんの落ち葉を使って、葉っぱのベッドを作ってみましょう。

やってみよう！

1 子どもたちみんなで、ほうきなどを使い、落ち葉を園庭の1か所に集める。

2 たくさん集まったら、みんなで潜り込む。「どんな気持ち?」「どんなにおい?」「あったかい?」などと語り合いながら、五感で自然を満喫しよう。

74 果汁でお絵かき

果汁に含まれる酸の性質を利用した、不思議なあそびです。

やってみよう！

あぶり出し

用意するもの

ミカン（そのほかグレープフルーツ、レモンなど）、普通紙、絵筆、電気ストーブなど

1 ミカンの汁を搾って、容器に取る。

＊ほかに、グレープフルーツ、レモン、ユズなどでもよいが、子どもが搾りやすいのはミカン。

2 搾り汁を使い、筆で絵をかく。

搾り汁

3 絵が乾いたら、電気ストーブなどにかざす。果汁に含まれる酸が反応し、かいた所だけ焦げて絵が現れる。

電気ストーブ

注意！
熱にかざすのは、大人がやりましょう。また、直火だと紙が燃えてしまうので、やめましょう。

水につけて

1 あぶり出しと同様に、ミカンの搾り汁で絵をかき、乾いたら水につけてみる。

2 不思議ふしぎ、乾いて見えなくなった絵が、再び浮かび上がってきます。

乾くと消える

水につけると

---

75 レモン水の不思議 （→植物図鑑 P.17）
レモン汁を使って、マジックみたいなあそびを楽しみましょう。

やってみよう！

1 汚れた10円玉に塩をかける。

2 さらにレモンを搾って汁を垂らし、しばらく置く。

3 布で汁をふき取ると、10円玉はピッカピカ！

Memo
レモンの酸の力
*
10円玉が古くなると焦げ茶色にくすんでしまうのは、銅が酸化銅になったから。これに、塩とレモン汁をかけると、化学反応を起こして10円玉の表面がごく微量溶け、新しい10円玉のようにきれいになる。

レモン

76 オレンジオイルあそび (→植物図鑑 P.17)

オレンジやレモンの皮から出る油を使ってあそびましょう。

やってみよう！

オイルパワーマジック①消える

プラスチック製の板などに、油性のペンで絵をかき、オレンジやレモンの皮でその絵をこすると……不思議！　消えてしまう！

オイルパワーマジック②くっつく

発泡スチロールのトレイを好きな形に切る。それにオレンジやレモンの皮の汁を付けると……不思議！　発泡スチロール同士がくっついた！　いろいろな形に組み合わせてあそぼう。

オレンジの皮

オレンジの花火

ろうそくの炎にオレンジ
やレモンの皮の汁を飛ば
してかけると、油分に火
がついて、きれいな火花
が出る。

＊周りに燃えやすいものがな
　いか注意して行う。

注意！

火を扱うので、
決して子どもだけで
行わないように
気を付けましょう。

Memo
環境に優しいオレンジオイル
＊
オレンジやレモンの皮を搾っ
たときに出てくる油成分は、
「オレンジオイル」または「リ
モネン」と呼ばれ、近年、環
境に優しい成分として注目さ
れている。例えば、オレンジ
オイル配合の洗剤の汚れ落ち
が評判になったり、発泡スチ
ロールを溶かす性質を利用し
て、ゴミ処理の際に、そのか
さを減らす研究が進められた
りしている。

77 枝や実で表現しよう （→植物図鑑 P.16、17）

枝や実の感触を味わいながら、自由に表現を楽しみましょう。

やってみよう！

用意するもの

せん定ばさみで長さ 3 ～ 10cm くらいに切った枝（太さ 3mm ～ 1cm くらいの枝が切りやすい）、
冬の木の実（シャリンバイ、クロガネモチ、ピラカンサ、ネズミモチなど）

園庭や散歩先で子どもたちと一緒にいろいろな枝や木の実を探して、採取してこよう。採取した枝は、保育者がせん定ばさみで長さ 3 ～ 10cm くらいに切っておく。

赤い実が
落ちてたよ

砂場で

ダイナミックに枝を突き刺したり、実を埋め込んだりしてみよう。

フローラルフォームに

突き刺したり、埋めたりするときの感触がおもしろい。

* フローラルフォームとは、フラワーアレンジメントなどで使う吸水スポンジのこと。100円ショップなどでも購入できる。

粘土に

油粘土・土粘土・紙粘土などを使って、いろいろな表現を楽しもう。粘土の土台をいろいろな形にして、人の顔や動物、オリジナルの模様など自由に製作すると、個性が出ておもしろい。

78 木の枝と実のはり絵

乾燥した木の枝や木の実を使い、はり絵や製作をしましょう。

作ってみよう！

用意するもの

いろいろな木の枝や実、ボール紙、画用紙、
空き箱、木工用接着剤、木片や丸太の輪切り

* 製作用の木の枝は、子どもたちと園庭など
で枯れ枝を集め、保育者が扱いやすい大
きさに切っておく。5㎝、3㎝、1㎝など、
長さごとに分けて箱に入れておくとよい。

はり絵

ボール紙や画用紙に、木の枝
や木の実を木工用接着剤で付
け、はり絵をする。

立体製作

木片や丸太の輪切りなどを
使って、立体的な作品を作る。

79 染め木作り

枝に色水を染み込ませ、カラフルな染め木を作ってみましょう。

作ってみよう！

❶ いろいろな種類の樹木（太さ1〜1.5㎝）を、枝の根元から切っておく（保育者が行う）。

❷ ❶の枝を、インクを溶かした水などいろいろな色水の中に入れ、一日置いておく（枝の根元がつかるように）。すると、枝の中を色水が通り、きれいな色に染まる。

❸ 染まった枝を、保育者がよく切れるせん定ばさみで輪切りにすると、染め木のでき上がり。

色つく

ボール紙

染め木や小枝をはる

ころころ転がしてあそぼう。

製作に使って。

毛糸

染め木

クリップ

紙粘土

瓶など透明の容器に入れて飾るときれい。

透明の瓶

80 木の実のろうそく立て

木の実ですてきに飾り、オリジナルのろうそく立てを作りましょう。

作ってみよう！

用意するもの
いろいろな木の実、段ボール、木工用接着剤、紙粘土、ろうそく

1 台にする段ボールを好きな形に切る。

2 ❶の段ボールに、木工用接着剤を塗り、その上に紙粘土を厚さ1cmくらいではっていく。

紙粘土

3 木の実を木工用接着剤で紙粘土に付け、自由に飾る。ろうそくを立ててでき上がり。

注意！
でき上がった
ろうそく立ては、
火の扱いについて
子どもたちとよく話し合い、大人が
行うようにしましょう。

81 木の実や葉のリース

いろいろな植物を使って、クリスマスのリースを作りましょう。

作ってみよう！

用意するもの

ドライフラワー・ドライリーフ、いろいろな木の実、段ボール、
紙粘土、木工用接着剤、リボン、鈴など

3週間くらい前から、小花や葉っぱを束
にして逆さまにつるし、ドライフラワー
（リーフ）を作っておく（P.113参照）。

1 台にする段ボールを切り取る。

段ボール

2 **1**の段ボールに、木工用接着剤を塗り、
その上に紙粘土を厚さ1cmくらいはって
いく。

紙粘土

3 ドライフラワーやリーフなどを周りには
り、その後、木の実をはりつけていく。
仕上げにリボン、鈴などを付けても。

リボン

鈴

82 木の実マラカス

春からずっと採集してきた木の実を使って、マラカスを作りましょう。

作ってみよう！

用意するもの

いろいろな木の実、プラスチック製の容器（同じものを2つ）、セロハンテープ

容器の中に乾燥した木の実を入れ、もう1つの容器と合わせてセロハンテープでしっかり留める。木の実の種類によって音が変わる。その違いも楽しもう。

セロハンテープで
とめる

83 タラヨウのはがき （→植物図鑑 P.18）

冬でもしっかりしたタラヨウの葉で、はがきごっこを楽しみましょう。

やってみよう！

タラヨウの葉の裏に、竹ぐしで絵や字をかく。切手をはれば、送ることができる。葉の大きさによって送料が変わるので、郵便局などで確認する。

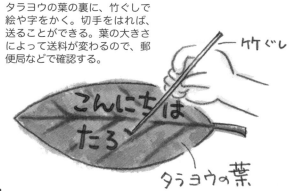

竹ぐし

こんにちは
たろ

タラヨウの葉

Memo
葉書の木
＊
タラヨウは、公園や街路樹などによく植えられているモチノキ科の常緑樹。葉は肉厚で、裏側に傷をつけると字や絵がかけることから、「葉にかく→葉書」の木と呼ばれるようになったといわれている。

84 ナンテンの雪うさぎ (→植物図鑑 P.17)

雪が降ったら、ナンテンを使って雪うさぎを作ってみましょう。

作ってみよう！

ナンテン

葉

雪

実

雪でうさぎの形を作り、赤い実で目、葉っぱで耳を付けたらでき上がり。

* ほかに冬にある赤い実には、アオキ、センリョウ、マンリョウ、ピラカンサ（タチバナモドキ）、ツルウメモドキなどがある。
* 実を誤食しないよう注意する。

85 ヒイラギの魔よけ (→植物図鑑 P.18)

魔よけの植物のことを話し、ヒイラギを部屋の入り口に付けてみましょう。

やってみよう！

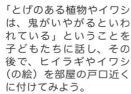

ももぐみ

ヒイラギ

イワシの
骨の絵

「とげのある植物やイワシは、鬼がいやがるといわれている」ということを子どもたちに話し、その後で、ヒイラギやイワシ（の絵）を部屋の戸口近くに付けてみよう。

* イワシは、鬼にとって「目が怖い」「においが苦手」といわれている。

Memo

魔よけの植物

*

昔からとげのある植物や先端がとがった葉をもつ植物は、邪気を追い払うといわれている。家の玄関や入り口付近に、ヒイラギなど葉にとげのある植物が植えられているのも、この言い伝えによるもの。

ヒヤシンス・クロッカスの水栽培

室内で球根の水栽培を行い、生長過程を観察しましょう。（→植物図鑑 P.18）

やってみよう！

用意するもの

ヒヤシンスまたはクロッカスの球根、水栽培用容器（ヒヤシンス、クロッカスともに専用容器がある）、水、黒の画用紙

1 球根はできるだけ重く、形もきれいで、しっかりしたものを選ぼう。割れているもの、傷のあるもの、カビの生えているものは避ける。

＊ヒヤシンスは有毒植物なので、子どもが球根を口にしないよう注意する。ふれたときは、しっかり手を洗う。

2 栽培は、水温が 15℃くらいになる 10 月下旬～11 月中旬に始める。水栽培用容器に水を入れ、球根を置く。このとき、球根が水につかってしまうと、球根が腐ってしまうので気を付ける。

水は球根の底がちょっとつくくらいに

水栽培用容器

3 直射日光の当たらない窓辺に置き、根が容器の⅔に達するまで、黒い画用紙の筒で光を遮断する。

黒い画用紙で全体を覆う

4 根が容器の⅔以上伸びてきたら画用紙を外し、水の量を減らす。子どもたちと毎日生長の様子を観察しよう。

水の量を減らす

5 花が終わったら、球根は直植えか植木鉢に植えるかして、休眠させる。翌年は花が咲かないことが多いが、その次の年には、またきれいな花を咲かせる。

子どもたちがあそんでいるときは、保育者がそばについて見守り、安全面・衛生面に十分配慮しましょう。誤嚥・誤食やけがにつながらないよう、子どもの年齢・発達に留意して、素材を提供してください。自然物にふれた後は、しっかり手を洗いましょう。

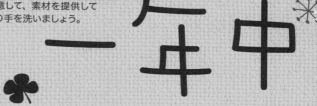

一年中

どんな季節でも、自然は姿を変えながら、
わたしたちと共にあります。
身近にある自然を、保育の中で
子どもたちと感じ、ふれていきたいですね。

P.112「香りのよい植物を探そう（ポプリ作り）」

P.108「色水あそび」

P.129「シイタケの栽培」

87 色水あそび

身近な植物で色水を作って、いろいろなあそびに広げましょう。

色水を作ろう

色の出る植物を探す。見つけた植物を器に入れ、少し水を加えながら割りばしなどでつぶして色を出す。このとき、違う種類の植物を一緒に入れないように。作る過程で、色や香り、感触を楽しもう。できた色水は、ままごとなどに使っても楽しい。

108

●色のよく出る植物（例）

	春	夏	秋	冬
花	パンジー スイトピー	センニチコウ オシロイバナ ツユクサ アサガオ ホウセンカ バタフライピー		
	バラ　リーガースベゴニア（エラチオールベゴニア）			
実	ラディッシュ	ヒイラギナンテン ヨウシュヤマゴボウ クスノキ クサギ コブシ	ミカン　リンゴ ナシ　ブドウ ※実と皮を一緒にすりつぶす ランタナ	ヒサカキ ビーツ
葉	カラスノエンドウ	シソ		アカメガシワ
	シロツメクサ　ヨモギ			
皮	タマネギ			

＊ヨウシュヤマゴボウの実には毒があるので、口に入れないよう注意する。

色水マジック

例えばパンジーの花の色水に、酢（酸性）やせっけん水（アルカリ性）などの液体を加えると、不思議！　色が変化することがある。いろいろな色水で試してみよう。
また、リーガースベゴニアの赤い花の色水でかいた絵を15分くらい置くと、酸化して青色に変化する。

Memo

色が変わるわけ
＊
例えば、青や青紫色の植物の色水にレモン汁や酢などを入れると、色水が赤く変化することがある。これは、アルカリ溶液でできた色水に酸性の液が入ることで溶液の分子の形が曲がり（形を変える）、そこで光の波長も変化するので色が変わったように見えるというわけ。

水

パンジーの花

パンジーなどの紫や青の色水に酢を加えると……

紫の色水

酢

わっ！

赤く変わった！

ラディッシュの色水絵 (→植物図鑑 P.18)

① おろし器で、ラディッシュの主に赤い部分をすりおろす（手をけがしないよう注意）。

② おろし汁に水を少し加えると、きれいな薄い赤色の水ができる。

③ ②の色水を筆に付け、自由に絵をかいてみよう。

> **Memo**
> **ラディッシュ（アブラナ科）＊**
> ハツカダイコンともいわれ、肥大した根と茎は食用として有名だが、実は菜の花の仲間。「菜っ葉の花」だから菜の花といわれ、有名なアブラナ、カラシナのほか、ダイコン、カブ、キャベツ、ブロッコリーの花も「菜の花」。

アカメガシワの色水絵 (→植物図鑑 P.11)

1 冬枯れして落葉した茶色いアカメガシワの葉っぱを 20 枚くらい集める。

2 たらいに水を張って葉っぱを漬け込むと、数日後に葉っぱの色素が水に溶け込んでお茶のような色水ができる。

3 色水で画用紙に絵をかいてみよう。

タマネギの皮の色水絵

1 タマネギの皮をむき、水を入れた容器に 1 日漬け込む。

2 金色の色水ができるので、画用紙に絵をかいてみよう。

わっ、金色になってる！

透明の袋に皮と水を入れてモミモミしても

88 香りのよい植物を探そう

よい香りの植物を探して、いろいろ楽しんでみましょう。

やってみよう！

子どもたちと外に出て、香りのよい花や葉を探す。拾った花や葉は、かごに入れて持ち帰っても。

●香りのよい植物（例）

	春	夏	秋
花	ナノハナ ジンチョウゲ ハリエンジュ バラ フジ ライラック ヒヤシンス スイセン	クチナシ トウオガタマ ジンジャー ユリ	キンモクセイ ギンモクセイ ヒイラギ キク
葉	ゲッケイジュ、クスノキ、ヤブニッケイ、クロモジ、レモン、ヒノキ、カイヅカイブキ、アカジソ、シソ、ササ、ラベンダー、ミント、ローズマリー、バジル、セージ、ドクダミ		

作ってみよう！

ポプリ

1 不織布かお花紙に香りのよい花や葉を包む。

2 毛糸やひもで結び、窓辺に飾ると、部屋によい香りが広がる。リボンでアクセントを付けたり、フェルトなどで顔を付けるとプレゼントにも。

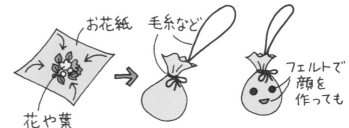

お花紙　　毛糸など

花や葉

フェルトで顔を作っても

いい香り〜

注意！
いろいろな種類が混ざると、よくない香りになることもあるので、まずは1種類だけでやってみましょう。

89 ドライリーフ・フラワーを作ろう

園庭の草花でドライリーフ、フラワーを作りましょう。

やってみよう！

1 草花の枝を数本束ね、それを逆さにつるしておく。P.112 に挙げた香りのよい植物、中でもハーブなど強い香りの植物で作ると、つるしておくだけで部屋中に香りが広がり楽しめる。

＊花の場合、花同士をくっつけたまま乾燥させると、ふれあっている部分がかびてしまうことがあるので、束が大きくなりすぎないように（中に空気が通るように）する。

2 季節にもよるが、3〜4週間で乾燥する。でき上がったものは、飾ったり、製作に活用したりしよう。

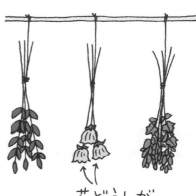

花どうしが
くっつかないように

やってみよう！

ドライ植物粉絵

1 ドライリーフ・フラワーを粉状にする。

手で細かくする。

すり鉢、すりこぎでつぶす。乾燥した木の実を使う場合もこの方法で。

2 薄い色の画用紙に木工用接着剤で絵をかく。

3 上から**1**の粉をかける。全体にまんべんなくかけたら、揺すって余分な粉を落とす。

90 押し葉・花でしおりを作ろう

拾った葉っぱや花ででしおりを作り、記念に残しましょう。

用意するもの

いろいろな葉や花、図鑑などの厚い本、
画用紙、折り紙、木工用接着剤、おもし、
飾り用の道具や素材（ピンキングばさみ、
穴開けパンチ、リボンなど）

1 いろいろな形、模様の葉や花を探して拾う（肉厚なものは不向き）。

2 集めた葉や花を図鑑などの厚い本に挟み、上からおもしを載せる。3週間くらいそのままにして、しっかり乾燥したらでき上がり。

　＊つるつるした紙の本の場合は水分を吸収しにくいので、ティッシュペーパーを敷いてから挟む。

3 押し葉・花を木工用接着剤で画用紙にはり、折り紙などと組み合わせて、自由に画面を作る。上からラミネート加工をするとよい。

4 周りをピンキングばさみでカットしたり、パンチで穴を開けてリボンを付けたりする。

野菜のスタンプ

91

野菜の断面を使って、スタンプあそびを楽しみましょう。

やってみよう！

用意するもの
野菜スタンプ（いろいろな野菜の切れ端やへた）、バット、スポンジ、絵の具、水、画用紙

タマネギ　　ピーマン　　エノキダケ　　レンコン

ダイコン　　ホウレンソウ　　オクラ

① いろいろな色のスタンプ台を作る。

スポンジを敷く

絵の具 ＋ 水

バット

いろいろな色を用意

② 好きな野菜スタンプに①の絵の具を付け、画用紙に押してスタンプ絵を作る。

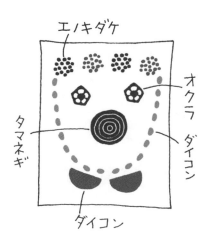

エノキダケ

オクラ　ダイコン

タマネギ

ダイコン

92 植物の音を聞こう

森の中で、植物が出すいろいろな音を探しましょう。

やってみよう！

風が吹いたら

風が吹いたら、耳を澄ませて、木々が揺れる音や草花がこすれ合う音を聞いてみよう。

竹林は
どんな音？

ススキ野原は
どんな音？

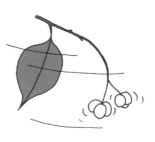

硬い木の実ができるナンキンハゼは
どんな音？

木の幹に耳を当てたら

大きな木の幹に耳を当てて、音を聞いてみよう。
樹木が水を吸い上げる音、枝のきしむ音、
揺れる音など、いろいろな音が聞こえてくる。

枯れ枝を折ったら

枯れ枝を拾い、両手で持って折ってみる。
種類による音の違いを楽しもう。

ポキッ

バキッ

木をたたいたら

いろいろな木の枝や幹をたたいてみよう。

いろいろな木を
手のひらでたたいてみよう。

サルスベリのようなつるつるの木を
手のひらでたたいてみよう。

枯れ枝でいろいろな物をたたき、
打楽器ごっこ。

植物をこすり合わせたら

表面がざらざらしている植物をこすり合わせて、音を出してみよう。

トクサの筋を平行にして
こすり合わせる。

ムクノキ

ササ

ムクノキやササの葉のざらざらした面を
こすり合わせる。

93 風に揺れる植物

子どもたちと一緒に、風に揺れる植物を観察してみましょう。

やってみよう！

園庭の木を観察

強い風の日、園庭の木々の様子を観察してみよう。

まっすぐ大きく育つ木は
どんな揺れ方？
（イチョウ、ユリノキ、スギ、マツなど）

丸く大きく育つ木は
どんな揺れ方？
（クスノキ、シラカシ、イロハカエデなど）

葉の形や厚さなどの違いによって
揺れ方は違う？
（丸い葉、とがった葉、細い葉、
軟らかい葉、硬い葉など）

窓辺に葉を飾ってみよう

毛糸やひもなどで葉っぱを結び、窓辺につるしてみる。
風になびいて回転したり揺れたりする様子を観察。葉の種類による動きの違いも見てみよう。

ヒイラギの風車

(→植物図鑑 P.18)

ヒイラギの葉を図のように挟んで持ち、
息で風を起こして回転させてみる。
風の強い所にかざすと、自然に回る。

アオギリの実の風車

(→植物図鑑 P.19)

葉のような形をしているアオギリの実に
松葉を刺す。松葉を手で挟んで持ち、
息や風で回す。

種子

アオギリ
の実

松葉

119

94 木肌のこすり出し (→植物図鑑 P.19)

いろいろな木肌の感触を味わい、こすり出してあそびましょう。

1 みんなで外に出て、いろいろな木の幹に
触り、おもしろい感触の木肌を探す。

2 1人が普通紙を木肌に当てる。もう1人
がコンテやチョークで作った粉を手に付
け、紙の上からこする（15〜20回くら
い）。いろいろな木肌でやってみよう。

手に粉を
付けて

3 模様を写し取った紙をいろいろな形に
切って、飾りを作っても楽しい。

糸を付けて
モビールに
しても

95 枝の紙やすり絵

枝を使って描画を楽しみましょう。

やってみよう！

① 外に出て、持ちやすい木の枝（長さ11〜15cmくらい）を探す（枯れ木でも生木でもどちらでもOK）。

② 表面が黒い紙やすりに枝をこすりつけると絵がかける。

＊いろいろな木の枝を使うと、色や濃淡の違いが出る。また、枝を鉛筆削りで削ると、シャープな線をかくことができる。

121

96 植物の茎でシャボン玉

茎の形状を利用して、シャボン玉あそびを楽しみましょう。

やってみよう！

1 茎が筒状になっている植物（タケ、ササ、イタドリ、ムギなど）の節を避けて、ストロー状になるように茎を切る。

* タケ、ササの場合は枝の部分。

2 きれいに洗い、水滴をふき取る。（ムギは洗わず、布で軽くふく程度）

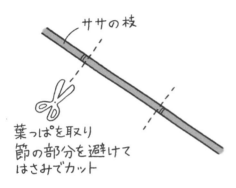

ササの枝

葉っぱを取り
節の部分を避けて
はさみでカット

よく洗う

3 市販のシャボン液を茎の先につけ、反対側から吹いてシャボン玉を作る。植物はプラスチック製のストローと違ってシャボン液を吸収しやすいので、息をゆっくり吹くと小粒のシャボン玉がたくさん出てくる。

* 小麦アレルギーのある子は、ムギの使用はひかえる。

Memo
シャボン液にひと工夫
*
シャボン液にウーロン茶の茶葉を入れると、シャボン玉の虹色が鮮やかになる。

97 樹液探し （→植物図鑑 P.19）

木肌から樹液や、やにが出ている木を探して触ってみましょう。

やってみよう！

サクラ・ウメの樹液

触ってみよう。固まっているものもあれば、軟らかくぷるぷるしているものもある。

コナラ・クヌギ・ミズナラの樹液

においが強く、夏には、その樹液を求めてスズメバチ、クワガタムシ、カブトムシ、カナブン、チョウなどが集まってくる。

＊夏の間、これらの木肌に少し傷を入れておくと、樹液が出て虫が集まってくる。試してみよう。

98 松やにあそび （→植物図鑑 P.17）

マツの木肌から出ているやにの、ネバネバの感触を楽しみましょう。

やってみよう！

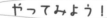

親指と人差し指に、松やにをたくさん付けて、指を付けたり離したりすると、やにが糸を引いてくる。繰り返すたびに、糸がどんどん出てくるので、子どもたちは大喜び。

ネバネバ

ビョ～ン

99 虫こぶ探し (→植物図鑑 P.19)

虫の卵によってこぶができている葉を探してみましょう。

虫こぶは、正式には「虫えい」といい、虫が卵を産み付けたり寄生したりすることで、その刺激によって葉がこぶのように発達してしまうことをいう。
クヌギ、クリ、コナラなどに虫こぶができやすいので、注意して見てみよう。

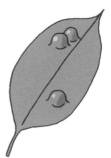

100 根っこの観察

木の種類によって違う根の張り方を観察してみましょう。

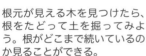

根元が見える木を見つけたら、根をたどって土を掘ってみよう。根がどこまで続いているのか見ることができる。
まっすぐ地下に向かって伸びる根もあれば、地面に沿って横に広がっていく根もある。こういった違いや、想像以上に長く伸びていることを知ると、子どもたちの興味は深まる。
観察が終わったら、根に土をかけて元通りにしておこう。

101 茎が裂ける植物

水につけると茎が裂ける様子を、みんなで観察してみましょう。

やってみよう！

タンポポやヒガンバナなど、茎の中が空洞になっている植物を用意。茎の根元にカッターナイフで縦に数か所切れ目を入れ、水につける（保育者が行う）。しばらくすると、切れ目を入れた所が丸まってくるので、その様子を観察しよう。

＊切れ目を入れなくても自然に丸まることがある。花瓶に入れた花の茎を見てみるとよい。

＊ヒガンバナには毒があるので口に入れないよう注意する。

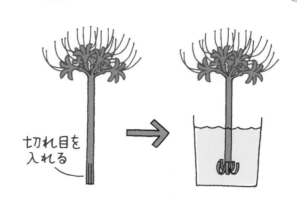

切れ目を入れる

102 夜に咲く花

お泊まり保育のときなど、夜に咲く花をみんなで観察してみましょう。

やってみよう！

夜に咲く花を知っておき、お泊まり保育などで、夜、子どもたちと一緒にいる機会があれば、みんなで観察してみよう。あらかじめ、植木鉢に植え替えて用意しておいても。

わあー咲いた！

Memo
夜に咲く花
＊
ツキミソウやゲッカビジンは、名前の通り、夜にきれいに咲く花。またオシロイバナも、夕方ころに咲き始めて朝になったらしぼむという「夜に咲く花」の一種。マツヨイグサ、アレチマツヨイグサ、オオマツヨイグサ、コマツヨイグサなど、マツヨイグサの類は、荒れ地などどこでもよく見られるので、植木鉢に植え替えておくとよい。

103 種を探そう

種類によって形や性質がいろいろな植物の種。みんなで探してみましょう。

やってみよう！

種には、いろいろな形状や性質のものがあり、一年中見ることができる。子どもたちと一緒に種探しをして、その種がどのように運ばれ、生息場所を広げているのか、話してみても。

	「ひっつきむし」の種 （動物に付いて運ばれる）	「わたげ」の種 （風に運ばれる）	「プロペラ」の種 （風に運ばれる）
春	ヤブジラミ（春）	セイヨウタンポポ（春〜秋）	
夏	ヤエムグラ（初夏）		
秋	アメリカセンダングサ（秋） イノコズチ（秋） ヌスビトハギ（秋） オオオナモミ（秋〜冬）	セイタカアワダチソウ（秋） ガマ（秋〜冬） ススキ（秋〜冬）	イロハモミジ（秋） ボダイジュ（秋） アオギリ（秋） ハンテンボク（秋〜冬） ツクバネ（秋〜冬） クロマツ（秋〜冬）
冬			

はじける種	水に流されて動く種	鳥が食べ、ふんとなって運ばれる種	動物が運ぶ種
カラスノエンドウ（春～初夏）			
カタバミ（夏～秋）			
エニシダ（秋）	キショウブ（秋）	ノブドウ（秋）	コナラ（秋）
フジ（秋～冬）	クサネム（秋）	ニシキギ（秋）	クリ（秋）
		エノキ（秋）	オニグルミ（秋）
	ジュズダマ（秋～冬）	ピラカンサ（秋～冬）	
		ネズミモチ（秋～冬）	
		マンリョウ（秋～冬）	
	ハス（冬）		

104 ツバキのぞうり （→植物図鑑 P.17）

しっかりとしたツバキの葉っぱで、かわいいぞうりを作ってみましょう。

（→植物図鑑 P.17）

作ってみよう！

1 つめで図のように切り込みを入れる。

つめで
切り込みを
入れる

2 きりなどで葉先の近くに穴を開け、切り込んだ部分から持ち上げて穴に差し込んだら、ぞうりのでき上がり。

穴を開ける

穴に差し入れる

105 きのこを探そう

一年中見られるきのこ。子どもたちと一緒に探してみましょう。

やってみよう！

きのこにはいろいろな種類があるが、いずれも雨が降った翌日によく見られる。植物が多く、薄暗く、じめじめした所を探してみよう。
また、きのうまであったのに、今日はあとかたもなく姿を消していることもある。そんなことも観察ポイント。

注意！

身近に生えているきのこの中でも、強い毒を含むものがあります。自分たちで取ったきのこは、専門家の判断なしに食べることは絶対に避けてください。

106 シイタケの栽培 （→植物図鑑 P.19）

手軽にできるシイタケの栽培にチャレンジしてみましょう。

やってみよう！

1 園芸店で、シイタケの種菌を埋め込んだクヌギやコナラの原木を購入する。

2 日陰に原木を置き、毎日全体に水をかける。数週間でたくさんのシイタケが生えてくる。

* 時々、米のとぎ汁をかけると、育ちがよくなる。

3 かさの部分が直径5〜10㎝まで育ったら、収穫する。よく洗って石づきを取り、ホットプレートなどで焼いて食べるとおいしい。

107 ミントの栽培 _(→植物図鑑 P.19)

ミントを育て、その香りを楽しみましょう。

(→植物図鑑 P.19)

やってみよう！

用意するもの

ミントの苗 (アップルミント、ペパーミントなど)、赤玉土・腐葉土 (それぞれ園芸店で購入。ハーブ用の土でも OK)

1 園庭の土をスコップで掘り起こし、軟らかくする。そこに赤玉土と腐葉土を同じ割合で混ぜ込む。

2 ミントの苗を植えたら、苗が土になじむまで、毎日水やりをする。

＊水をやりすぎると枯れてしまうので、乾いたらやる程度にする。

3 冬に入る前に軽くせん定しておくと、次の年にどんどん新芽が出てくる。

＊肥料はあまりやらなくても OK。

4 ミントを摘んで水を入れた瓶に挿して部屋に飾ると、部屋の中にいい香りが広がる。また、数週間で茎から根が生えてくるので、それを苗としてまた植えてもよい。

ミントの葉をかむと、香りとともに清涼感が口の中に広がる。香りを楽しみながら、ままごとの材料としても使ってみよう。

108 ミントティーを作ろう (→植物図鑑 P.19)

香り爽やかなミントティーを作りましょう。

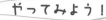

やってみよう！

1 アップルミントやペパーミントの葉を摘んで、きれいに洗う。

2 きゅうすに葉を入れてお湯を注ぎ、数分待って飲む。

3 ミントの葉の香りを直にかいでみるのと、ミントティーになってからの香りとを比較してみるのもおもしろい。

109 食虫植物の栽培 （→植物図鑑 P.19）

子どもたちが興味・関心をもって観察する食虫植物を育ててみましょう。

やってみよう！

用意するもの

食虫植物の苗（ハエトリソウやモウセンゴケなど。園芸店で購入）、
水ゴケ、植木鉢、植木鉢の受け皿

1 植木鉢に水ゴケを入れ、食虫植物の苗
を植える。湿気を好む植物なので、水
ゴケが乾かないよう、受け皿にいつも
水が入っている状態にしておく。

＊肥料はあまりやらなくても OK。

2 夏は、日が当たりすぎると水ゴケが乾い
て枯れてしまうので、半日陰に置くとよ
い。株が根付くと、初夏から夏ごろに花
が咲く。寒さに弱い植物なので、冬は日
の当たる窓辺に置く。

水ゴケ

夏

冬

Memo

ハエトリソウ（モウセンゴケ科）
＊
貝が口を開いたようなおもしろい形の葉
が特徴。カやハエが葉や葉のトゲにふ
れると、葉を素早く閉じて虫を補食し、
消化液で溶かして栄養にする。

モウセンゴケ（モウセンゴケ科）
＊
葉のせん毛から、虫が好む甘い香りのす
るネバネバした液を分泌する。この液に
虫がくっつくと、葉とせん毛が虫を包むよ
うに曲がり、消化吸収する。

110 カイワレダイコンの栽培 (→植物図鑑 P.19)

短期間で育つカイワレダイコンを、室内で育てて観察しましょう。

やってみよう！

用意するもの

カイワレダイコンの種（園芸店で購入）、深めの皿かコップ、キッチンペーパー

① 何枚かのキッチンペーパーをたたんで、皿の上に置く。

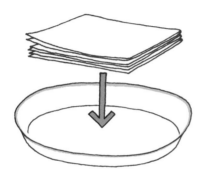

② キッチンペーパーがたっぷり水を吸うように水を入れる。その上に、ばらばらと種を置く。

水

種

③ 芽が出るまで、室内で日が差すところに置いておく。2〜3日で芽が出たら、よく日が当たるところに置くと、葉がきれいな緑になる。キッチンペーパーの湿り気が少なくなってきたら、種や根が浸るくらいに水を足す。7〜10日で収穫できる。

1週間でこんなに生えた！

よく水洗いし、塩を振って炒めて食べるとおいしい。塩水でさっとゆでても OK。

＊食べる場合はカビなどに気を付けてよく洗うなど、衛生面に配慮しましょう。

「乳幼児期に心を動かす自然体験を」

　園庭でクスノキの落ち葉を拾い集めていた女の子が、大きな声で友達に「この葉っぱのにおいをかいでみて！」と言いました。「こうやって葉っぱをパリパリして、においをかいで！」と上気した顔で彼女が言うと、友達は次々にクスノキの葉っぱを拾いだしました。

　彼女はさらに「この葉っぱ、パパのはみがきのにおいがする！！」とみんなに言いました。友達は、「ほんとにはみがきみたいや！」「すごいにおいがするなあ！」などと言いながら、どんどんクスノキの葉っぱを集めだしました。その葉っぱをちぎる子、石でたたいて葉っぱを砕く子、すり鉢やすりこぎで葉っぱを粉状にする子……。このあそびは、はみがき屋ごっこにも発展し、1時間以上盛り上がりました。

　降園時、この女の子が、「クスノキの葉っぱ、持って帰りたい！　明日も続きしようね！」と笑顔で言う姿を見て、「さぞかし心に残る楽しい経験になったのだろうな」と感じつつ、このように子どもたちが大いに心を動かす機会や環境を大事にしなくては、と思いました。

　このあそびで、子どもたちの中に何がはぐくまれているのでしょう。

　日ごろからミントなどのハーブ類や芳香を放つ植物にふれていた子どもたちだったので、「あれ？　これ初めてかいだにおいだ！」「何かのにおいに似てる」と感じ、心が動く経験につながりました。この場面では、いわゆる五感の中でも特に嗅覚を通しての感覚を養い、さらにその香りを「はみがきのにおい」と表現する感性が現われています。葉っぱの香り一つでも、種類が違うことで、自然の多様性・芳香の違いを感じられる体験をしているのです。

　乳幼児期は、人生で一番心の動くときです。この時期のこのような自然体験は、子どもたちの心を揺さぶり、好奇心・探求心につながり、子どもたちが「意欲的な人」として成長していくのを支えてくれます。

　また、このたまらなく楽しい経験は、子どもたちの中に原風景として残ります。大人になってからも、クスノキにふれるだけであの香りが思い出され、「この香り、なつかしいな」「この葉っぱであそんだあのころが楽しかったなあ」などとその場面がよみがえり、それが人生を豊かにする力になっていくのです。

　子どもたちの自然離れが叫ばれる今、大人は子どもたちを "自然の一員" として自然に還さなくてはなりません。本書がその一助となることを願っております。

出原　大

著者プロフィール　**出原 大**（いず はら だい）

幼稚園・保育園の園長を歴任し、その後、松山東雲女子大学准教授として保育者養成を行う。2022年5月より、むぎの穂保育園園長。共著に、『子どもと自然』(Gakken)、『むすんでみよう子どもと自然』(北大路書房)など。保育雑誌で自然あそびの連載も担当する。また、園庭植栽コーディネーターとして全国の園庭を数多く回り、植栽のアドバイスや園庭づくりを行いながら、各園の保育者と自然・植物環境について語り合いを重ねている。

STAFF

企画編集 ●	中野明子
カバーデザイン ●	政成映美
本文デザイン ●	さいとう真砂　政成映美
カバーイラスト ●	佐藤かおり
本文イラスト ●	浅羽ピピ　うつみのりこ　佐藤かおり
カバー写真 ●	亀井宏昭
写真 ●	出原大　亀井宏昭　Gakken写真資料
編集協力 ●	小林留美　小杉眞紀
校閲 ●	佐々木智子　学研校閲課

園の自然環境づくりのヒント

園で自然にふれられる環境をつくるために
知っておきたいヒントを
いくつかお伝えします。

土作りのヒント

　園庭の自然環境を豊かにするために、植物を植えることを考える人が多いと思います。しかし、グラウンド状のやせ地（栄養が少ない土壌）や雑草が多く生えている荒れ地に植える場合は、まずは土壌を豊かにする必要があります。そこで、簡単な土作りのヒントを紹介します。

1 土壌を肥やす植物を活かす

　植物の中には、肥料を使わず植物自身の力で土壌を肥やすことができる種類があります。

　草本類ではシロツメクサ、アカツメクサ、レンゲソウなどのマメ科の植物、木本類ではヤマモモ、ヤシャブシ、ハンノキなどが挙げられます。これらの植物の根にある根粒菌（こんりゅうきん）が窒素を抱き込む性質（窒素固定という）をもっており、裸地や荒れ地を肥やしてくれる（窒素が地中に固定され、植物の生長を促す）のです。

園の入り口近くに植えられたヤマモモ。春に窒素を多く含んだ葉が落ち、新しい土を生み出してくれるとともに、周りの植物の栄養にもなる。

〈土に栄養を与える植物の例〉

シロツメクサ

アカツメクサ

レンゲソウ

ヤマモモ

ヤシャブシ

ハンノキ

※写真はオオバヤシャブシ

シロツメクサを使って土壌を肥やす

❶ 園庭に木を植える場合、植えた根元半径20cm
ぐらいの所にシロツメクサの種をまく。

❷ その上から厚さ5mmくらい培養土をかけ、1週間
ほど毎日朝夕に水をシャワーのようにかける（あ
ふれるほどに水をかけて流れてしまわないよう
に気を付ける）。

❸ 発芽を確認してからは、毎日1回はシャワーのよ
うに水やりをする。すると、シロツメクサが木の
生長を支える役目をする。

ブドウ（シャインマスカット）を
植えた周りにシロツメクサを。

2 堆肥を活用する

　堆肥とは、有機物を微生物の働きで分解させたもので、土を植物が育ちやすい状態にするために用います。ホームセンターなどで入手することができ、扱いやすく、栄養のある土壌作りに適しているため、植樹する際に活用することをお勧めします。

堆肥を使って土壌を肥やす

❶ 苗を植える際、穴を掘った所に堆肥を3cmほど敷く。
❷ 苗を置く。
❸ 掘ったときの土と堆肥を混ぜて、苗が固定されるように植え込む。

3 落ち葉を活用する

　園庭の葉が枯れて落葉すると、よくはき集めて捨ててしまいますが、植物は落葉させて自分たちの栄養になる土を作ろうとしています。落ち葉は、木の根元や園庭の中で植物が育ってほしい場所にまいておくとよいでしょう。

　やがて落ち葉が腐ってくると、ダンゴムシやミミズなどが食べ、それらのふんがまた微生物によって分解され、土になっていきます。

落ち葉を1か所に集めて
腐葉土作り。

水やりのヒント

「木や花の苗を植えても、すぐに枯らしてしまいます」という話をよく耳にします。その原因の多くは、「水やりが十分にできていない」「適切な水やりができていない」ことが挙げられます。そこで、ちょっとした水やりのコツをお伝えします。

1 地面に水が浸み込んでいるか確認

植物も人間と同じく、水なくしては生きていけません。葉っぱがさっと濡れる程度に水やりをした場合、根元まで十分に水が届いていないことがあります。種類によっては葉を濡らす程度の水やりでよいものもありますが、多くの植物はしっかりと地面に水が浸み込むことで根に水を供給することができます。

水やりは時間のかかるものです。地面に水が浸み込んでいるかどうかを確認しながら行いましょう。

2 葉を洗うように水をまく

雨を降らせるように（シャワーのように）葉っぱに優しく水をかけながら、葉を洗うイメージで行うのが水やりのコツです。葉を洗うことで光合成を促し、植物についたほこりや虫（毛虫など葉に害を及ぼすもの）、付着物（鳥のふんなど）なども洗い流すことができます。

低木類や花の苗など丈の短い植物は、水やりの際に地面の泥が跳ねあがり、葉っぱに付着することもあります。葉っぱが汚れた状態では光合成がしにくく、葉の呼吸を妨げてしまい株を弱めたり、枯れてしまったりする原因になるため、葉っぱに泥が付いていないかどうかも確認しながら水やりをするとよいでしょう。

築山作りのヒント

　園庭の自然環境づくりに関してよく聞かれるのが、「園庭に山を作りたいのですが、どうしたらいいのでしょうか?」「庭に山(築山)を作ろうとしたのですが、すぐに崩れてうまくできません」といった質問です。まずは、「どんな築山を作りたいか」をイメージしてみましょう。

登ったり滑ったり……あそべるような築山を作りたい場合

かけ登ったり、滑りおりたりして体を動かしたり、基地やおうちに見立てたり、水を流してみたりと、子どもたちの想像力が発揮され、あそびが広がる築山です。

❶土を盛って山を作る。
❷硬めの表面にしたい場合は、地面に転圧をかけて軽く固めるとよい。子どもたちと一緒に踏み固めるのも楽しい。
❸あそび込むうちに斜面が崩れてきたら、再び土を盛り直して固める。

土を盛って……

どこからでも登ることができる築山に。

植栽が施された築山を作りたい場合

いろいろな草花や実にふれたり、生きものを観察したりなど、自然とかかわることができる築山です。このタイプの築山の場合は、どこからでも斜面を登れるようにするのではなく、階段や道を作ったり、滑り台を付けたりすると、植栽部分が守られます。

❶P.142と同じ手順で築山を形成する。
❷斜面全体に厚さ2cmぐらい堆肥を敷き、植えたい木を植える。
❸斜面が崩れないように、シロツメクサ、アカツメクサ、ヒメツルソバ、イワ
　ダレソウなどのグラウンドカバーとなる草本類を植えるとよい。

築山の頂上のほうに実のなる植物（写真はクワの実）を植えておくと、子どもたちが実を取りたくて登ってくる。

シロツメクサに守られ、さまざまな植物が植えられた築山。

築山の中央に、滑りおりたり、駆けおりたりできる斜面が。

階段があることで動線が明確になり、植物が守られる。

生きものが集まってくる園庭に

　土を作り、植物を植えて水をやり、少しずつ園庭に自然が広がってくると、その植物を求めて虫が増え、鳥が集まり、ますます豊かな自然環境がつくられていきます。自然豊かな園庭で、子どもたちとさまざまなあそびや体験を広げていきましょう。

虫とり網とケースを持って。

ひたすらダンゴムシを探す。体験の積み重ねで、どんな所にいるか勘が働く。

カメムシがいたよ！

花のみつを求めて。

小動物もこんにちは。

肥沃な土壌にはダンゴムシがいっぱい！

ふまないでね　おはか

ブロッコリーを植えて花を咲かせておくと、モンシロチョウがタマゴを生みにくる。

虫のお墓を作る子も。